AF649353

Magische Muster für die Dekupiersäge

Charles R. Hand

stv

MAGISCHE MUSTER

für die Dekupiersäge

Verspielte Vorlagen für Ornamente, Untersetzer und Wandschmuck

CHARLES R. HAND

LEOPOLD STOCKER VERLAG
GRAZ – STUTTGART

Widmung

Ohne die Unterstützung und Ermutigung meiner Frau Deborah wäre dieses Buch zweifellos niemals geschrieben worden.

Umschlaggestaltung: DSR – Werbeagentur Rypka, A-8143-Dobl/Graz

alle Fotos: Charles R. Hand

Titel der englischen Originalausgabe: „Fantastic Fretwork Patterns for the Scroll Saw“
Original English Language Edition Copyright © 2024 by Charles R. Hand and Fox Chapel Publishing Company, Inc., 903 Square Street, Mount Joy, PA 17552, USA. All rights reserved.
Translation into German language Copyright © 2024 by Leopold Stocker Verlag GmbH. All rights reserved. Published under licence.

Da die Arbeit mit Dekupiersägen und anderen Materialien naturgemäß das Risiko von Verletzungen und Schäden birgt, kann dieses Buch nicht dafür garantieren, dass die Herstellung der Projekte in diesem Buch für jedermann sicher ist. Aus diesem Grund wird dieses Buch ohne Gewährleistungen oder Garantien jedweder Art verkauft, ob ausdrücklich oder stillschweigend, und der Verlag sowie der Autor lehnen jegliche Haftung für Verletzungen, Verluste oder Schäden ab, die in irgendeiner Weise durch den Inhalt dieses Buches oder bei der Verwendung der für die Ausführung der hier vorgestellten Projekte erforderlichen Werkzeuge durch den Leser verursacht werden. Verlag und Autor empfehlen allen Lesern dringend, jedes Projekt gründlich zu studieren und den Gebrauch aller Werkzeuge zu verstehen, bevor sie mit einem Projekt beginnen.

Aus dem Englischen übertragen von Nils Wegner.

Bibliografische Information der Deutschen Nationalbibliothek
Die Deutsche Nationalbibliothek verzeichnet diese Publikation in der Deutschen Nationalbibliografie; detaillierte bibliografische Daten sind im Internet unter http://dnb.d-nb.de abrufbar.

Hinweis: Dieses Buch wurde auf chlorfrei gebleichtem Papier gedruckt. Die zum Schutz vor Verschmutzung verwendete Einschweißfolie ist aus Polyethylen chlor- und schwefelfrei hergestellt. Diese umweltfreundliche Folie verhält sich grundwasserneutral, ist voll recyclingfähig und verbrennt in Müllverbrennungsanlagen völlig ungiftig.

ISBN 978-3-7020-2242-6

Alle Rechte der Verbreitung, auch durch Film, Funk und Fernsehen, fotomechanische Wiedergabe, Tonträger jeder Art, auszugsweisen Nachdruck oder Einspeicherung und Rückgewinnung in Datenverarbeitungsanlagen aller Art, sind vorbehalten.

© Copyright by Leopold Stocker Verlag, Graz 2024
Satz: DSR – Werbeagentur Rypka, A-8143-Dobl/Graz

Fragen, Wünsche oder Anregungen? Kontaktieren Sie uns!

www.stocker-verlag.com/magische-muster-feedback/

Hier finden Sie auch weitere Informationen über unser Programm und können sich für unseren Newsletter anmelden.

Inhaltsverzeichnis

48

49

53

56

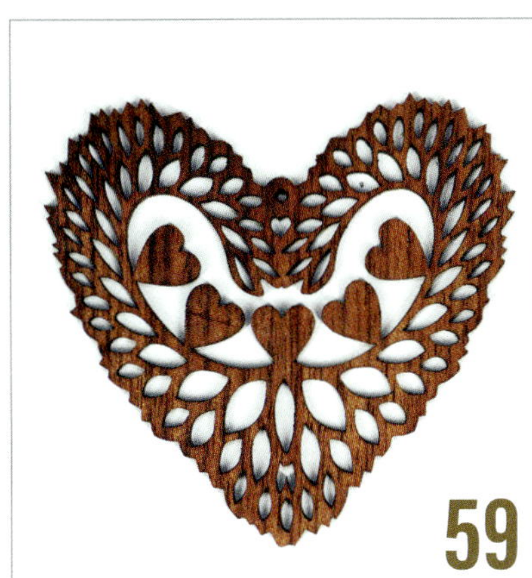

59

64

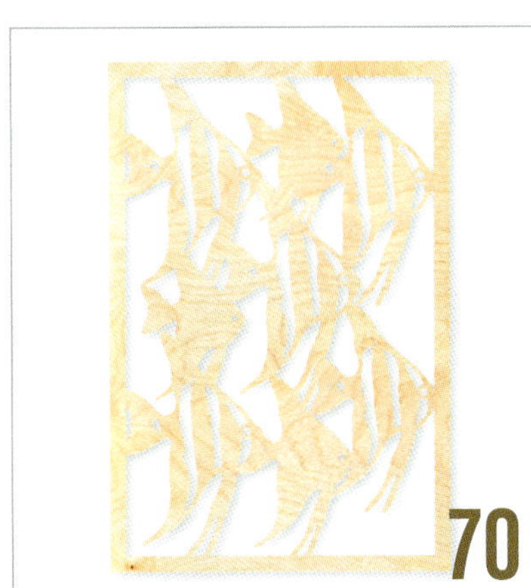

70

72

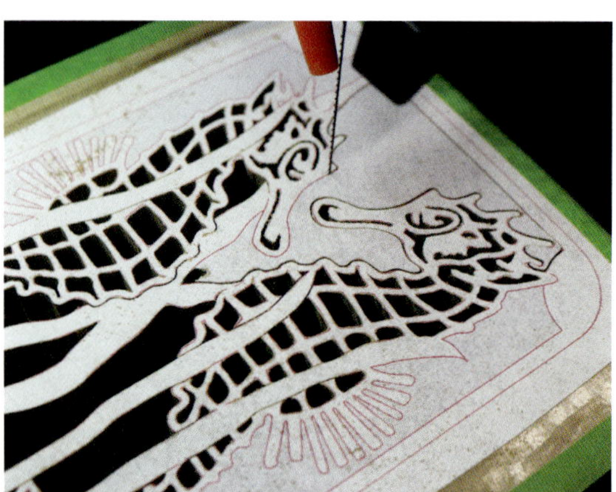

74

82

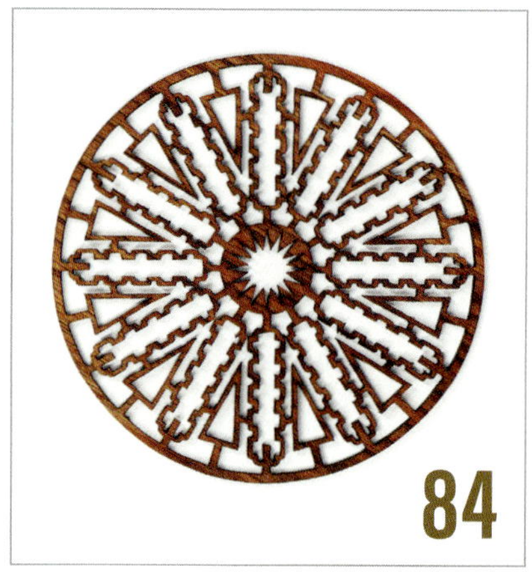
84

88

96

98

102

104

Einführung

Wenn Sie bereits Erfahrung mit der Dekupiersäge haben, dann wissen Sie vieles von dem hier Erklärten vielleicht schon. Es schadet aber nicht, noch einmal nachzulesen, damit Sie die Herangehensweise in diesem Buch verstehen und bei Ihrer Arbeit die richtigen Entscheidungen treffen. Ob es nun darum geht, welches Holz sich für ein Fenstermotiv eignet und welches für einen Untersetzer, welches Schleifwerkzeug man wofür nimmt oder welchen Lack Sie brauchen, wenn Sie Ihre Arbeiten draußen aufhängen möchten: Alle Antworten finden Sie auf den folgenden Seiten!

Es geht los

Werkzeuge und Materialien

Um die Projekte in diesem Buch fertigen zu können und um saubere, robuste und nützliche Stücke herzustellen, benötigen Sie eine Reihe an Werkzeugen. Wenn Sie Sägeanfänger sind und die genannten Gegenstände nicht kennen, dann finden Sie im Folgenden nähere Informationen einschließlich meiner persönlichen Empfehlungen zu Größen und Marken (soweit sinnvoll). Sie können diese Werkzeuge in jedem Baumarkt kaufen.

Das meiste Zubehör für die Projekte in diesem Buch werden Sie wahrscheinlich schon in Ihrer Werkstatt oder im Haushalt herumliegen haben. Für einige Hilfsmittel müssen Sie vielleicht in den Bastelladen gehen. Bevor Sie ein Projekt anfangen, stellen Sie sicher, dass Sie das folgende Basiszubehör haben, ebenso wie zusätzliche Mittel, die Sie brauchen können, um ein Projekt auf eine bestimmte Weise zu veredeln (dazu mehr auf S. 20). Sie brauchen nicht für jedes Projekt alle diese Hilfsmittel (vergleichen Sie die jeweilige Materialliste), aber auch die nicht essenziellen machen Ihnen das Leben leichter. Ich empfehle, alle zu beschaffen, wenn Sie das Geld dafür haben.

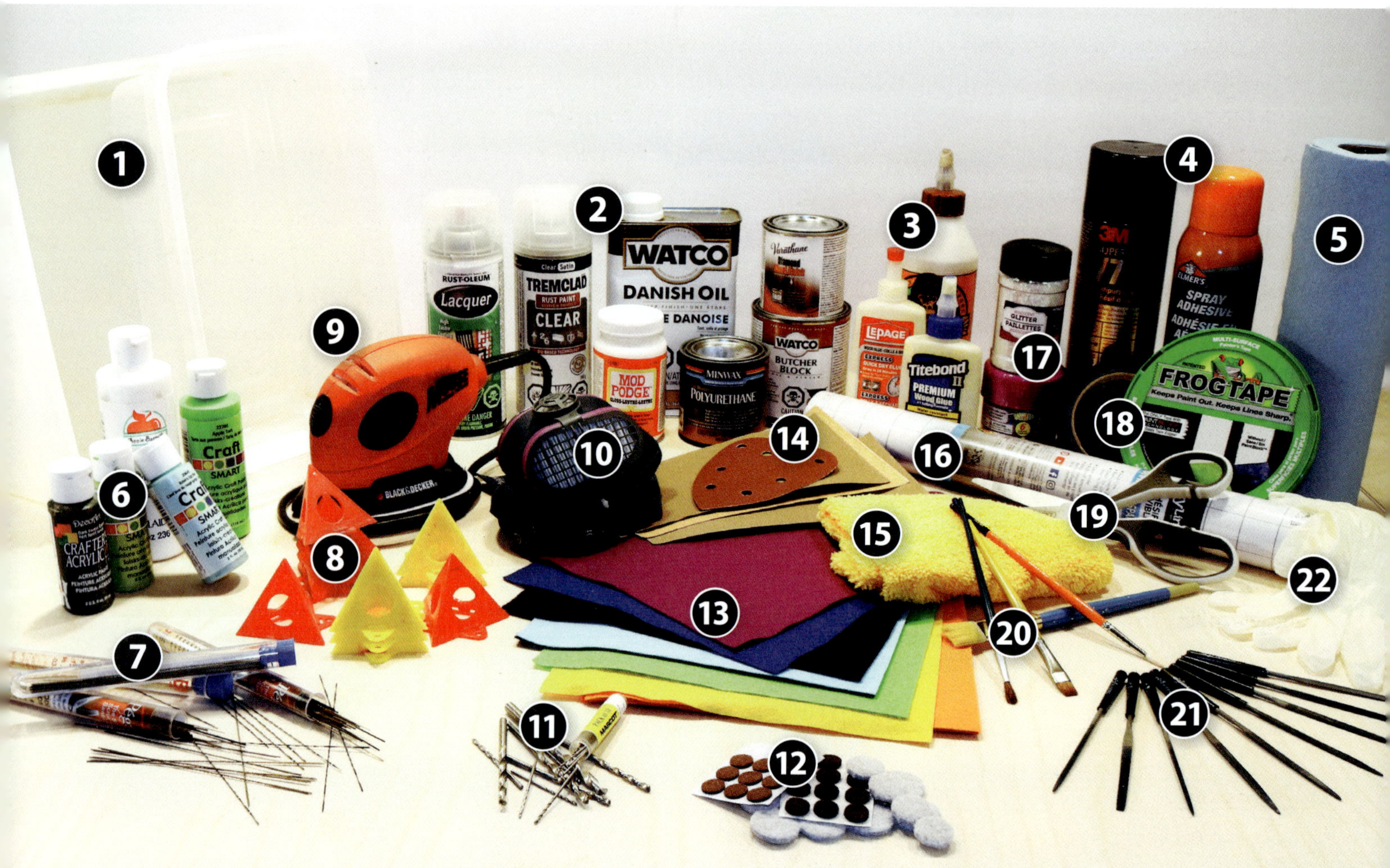

Dies ist meine persönliche Sammlung an Werkzeugen und Materialien, die ich zum Vorbereiten, Aussägen und Veredeln meiner Dekupierarbeiten verwende (ohne die großen Maschinen wie Dekupiersäge und Standbohrer): Ölwanne aus Plastik (1), Öl und diverse Lacke (2), Holzleim (3), Sprühkleber (4), Papiertücher (5), Acrylfarbe (6), verschiedene Sägeblätter (7), Malerpyramiden (8), Exzenterschleifer (9), Atemschutzmaske (10), verschiedene Bohrer (11), selbstklebende Filzpolster (12), Filz in verschiedenen Farben (13), Schleifpapier in ausgewählten Körnungen (14), Staubbindetuch (15), abziehbare Klebefolie (16), verschiedene Glitterpulver (17), Malerkrepp (18), Schere (19), verschiedene Pinsel (20), Nadelfeilen (21), Einweghandschuhe (22).

Mit Klebefolie können Sie Papiermuster sicher am Holz befestigen und sie nach dem Sägen kinderleicht und ohne Rückstände wieder entfernen.

Wünschen Sie eine stilisierte und lebhafte – oder gar eine festliche – Optik, können Sie Ihr Werk günstig und einfach mit Acrylfarben verzieren.

- Dekupiersäge
- Tischkreissäge, Radial-Arm-Kreissäge oder Kapp-(Gehrungs-)säge
- Schleifmaschine
- Exzenterschleifer
- elektrische Handbohrmaschine oder Standbohrer
- Bohrer: Durchmesser 1,2 mm (#56), 2 mm (#52) und größer
- Sägeblätter: Spiralverzahnung 0,7 (#2/0) bis 0,75 mm (#0), Skip und/oder Skip Reverse 0,6 x 0,22 mm (#2) bis 1,02 x 0,36 mm (#5, beliebige Hersteller); „Modified Geometry“ 0,6 x 0,22 mm (#2) bis 1,02 x 0,36 mm (#5, von Pégas; meine Empfehlung)
- ausgewählte Nadelfeilen (optional)
- Druckluft (optional)
- Malerpyramiden (optional)
- Schere
- ausgewählte Pinsel
- weiches Tuch
- Staubbindetuch
- abziehbare Klebefolie (um Muster auf Holz zu befestigen)
- Sprühkleber oder Klebestift (um Muster auf Papier zu befestigen)
- blaues Malerkrepp oder ähnliches Abdeckband (um beim Stapelsägen die Kanten der Hölzer abzukleben)
- Schleifpapier (Körnungen 180 bis 220)
- Danish Oil oder Mineralöl (optional, aber ratsam)
- Grundieröl (optional); bei Verwendung von Danish Oil oder Mineralöl nicht nötig
- Malfarben (optional)
- Klarlack für den Außenbereich (zum Sprühen oder Aufpinseln; optional)
- Papiertücher
- Holz Ihrer Wahl

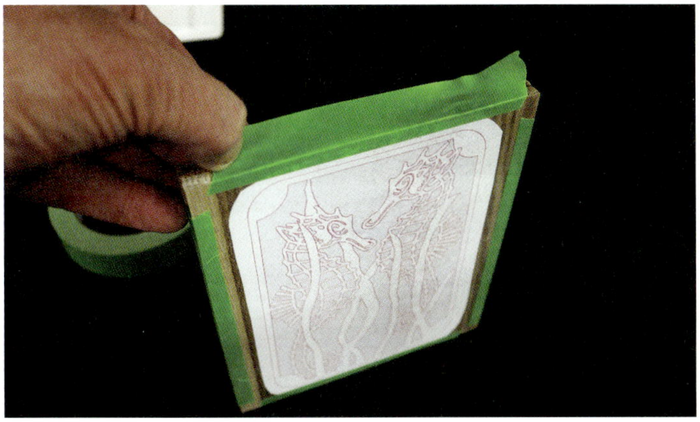

Das Stapelsägen ist hilfreich, um mehrere Stücke auf einmal zu bearbeiten, etwa Untersetzer. Mit Malerkrepp lassen sich die Hölzer vor dem Sägen leicht zusammenfügen.

Danish Oil dient zur Veredelung. Es schützt das Holz und verleiht ihm einen sanften, satinartigen Glanz.

Auswahl des Holzes

Für die Projekte in diesem Buch sind die meisten Holzsorten gut geeignet. Eiche, Walnuss, Teak, Ahorn, Kirsche und Pappel (alles Laubhölzer) sind ebenso beliebt wie Zedern- und Fichtenholz (Nadelhölzer). Ich mag Holz mit einer hübschen Maserung am liebsten, deshalb verwende ich viel Eiche. Bambus – eigentlich ein Gras und kein Baumholz – ist eine gute Alternative und nicht so teuer wie die meisten Laubhölzer. Im Laufe der letzten Jahre hat es immer mehr Zuspruch gefunden und dient als Ersatz für Holzböden und -baustoffe. Für einige Projekte habe ich Bambus-Schneidbretter aus der Küchenabteilung eines großen Kaufhauses umfunktioniert.

Einige Laubhölzer sowie Bambus bekommen Sie in großen Baumärkten, aber meist in begrenzter Auswahl. Familienbetriebene Sägewerke – wo es sie noch gibt – und Geschäfte für exotische Hölzer sind gute Bezugsquellen für Laubhölzer, weil sie oft mehr Varianten anbieten.

Ein anderes Material, das ich für hier vorgestellte Projekte empfehle, ist Sperrholz aus Birke. Es lässt sich gut sägen und splittert nicht wie viele Sperrhölzer aus dem Kaufhaus. Wichtig ist, nach europäischem Birkensperrholz zu suchen; russisches und finnisches sind die beliebtesten. Üblicherweise wird es in 150 cm breiten Platten unterschiedlicher Stärke angeboten. Für meine Projekte empfehle ich 6, 10, 13, 16 und 19 mm Stärke. Die meisten dieser Stärken gibt es in spezialisierten Holzgeschäften, aber nicht im Kaufhaus. Allerdings verwenden viele Möbeltischler Birkensperrholz, sodass Sie von einem in Ihrer Nähe vielleicht etwas bekommen können. In einigen Baumärkten gibt es auch unterschiedliche Stärken in anderen Plattengrößen. Welches Holz Sie brauchen, hängt oft von dem Gegenstand ab, den Sie sägen wollen – dazu jetzt mehr.

Untersetzer für den Herdbereich

Wollen Sie einen Untersetzer fertigen, der sehr hohen Temperaturen standhalten soll, dann nehmen Sie ein Laubholz oder Bambus, die der Hitze eines Kochtopfes oder einer Auflaufform direkt aus dem Ofen widerstehen können. (Natürlich brennt Holz, wenn Sie es einer offenen Flamme aussetzen, also Vorsicht!) Ich verwende für solche Zwecke meist Eichenholz, weil es an meinem Wohnort leicht verfügbar ist, aber je nach Ihrer Region könnte ein anderes Laubholz leichter zu bekommen sein. Stellen Sie sicher, dass der Untersetzer mindestens 13 bis 25 mm stark ist; ist er dünner, kann extreme Hitze auf die Oberfläche, die Sie schützen wollen, durchschlagen. Außerdem wäre er zu schwach und zerbrechlich.

Die Stärke des gewählten Holzes hängt vor allem davon ab, welchen Gegenstand Sie sägen wollen.

Farbe und Maserung des Holzes bestimmen, wie Ihr fertiges Stück einmal aussehen wird.

Sie können Bambus-Schneidbretter zurechtschneiden, um spektakuläre Dekupierarbeiten zu fertigen.

Verwenden Sie ein Laubholz oder Bambus für Untersetzer, die extremer Hitze ausgesetzt werden.

Postkartenprojekte

Die Postkarten sollten 6 mm stark sein, damit sie nicht zu dick werden. Viele Kaufhäuser führen Laub- und Nadelhölzer in dieser Stärke, etwa Pappel, Zeder, Eiche, Ahorn und Bambus. Geschäfte für exotische Hölzer und familienbetriebene Sägewerke bieten oft noch viele andere Holzsorten an, die sich für Postkarten eignen. Eine hervorragende Alternative ist Birkensperrholz.

Für Postkartenprojekte können Sie zwischen vielen Nadelhölzern wählen.

Tischuntersetzer

Für Untersetzer, die unter warmem und heißem Geschirr zum Servieren auf einem Tisch zum Einsatz kommen, oder für dekorative Tafeln eignet sich jedes der oben genannten Hölzer. Birkensperrholz ist der Favorit vieler Dekupiersägenfreunde; ich habe selbst schon viel daraus gesägt. Eine gute Stärke für Tischuntersetzer und Tafeln liegt zwischen 6 und 13 mm.

Gefäßuntersetzer

Glas- und Tassenuntersetzer sollten 6 bis 10 mm stark sein, um nicht zu dick aufzutragen. Laub- und Nadelhölzer dieser Stärken gibt es in vielen Kaufhäusern, etwa Pappel, Zeder, Eiche, Ahorn und Bambus. Geschäfte für exotische Hölzer und familienbetriebene Sägewerke bieten oft noch andere Hölzer an, aus denen Sie Untersetzer sägen können.

Die Untersetzer in diesem Buch nehmen zwar keine Feuchtigkeit auf, schützen Ihre Einrichtung aber hervorragend vor Hitze.

Aufsteller und Ornamente

Eine gute Stärke für die Aufsteller- und Ornamentprojekte ist 3 mm, damit diese dezent und leicht bleiben. Ich verwende dafür gern Birkensperrholz, weil es sich gut zum Stapelsägen eignet. Für die Ornamente können Sie auch 6 mm starkes Walnuss-, Pappel- oder Zedernholz verwenden.

Die Aufsteller und Ornamente sollten leicht und unaufdringlich sein.

Schlüsselloch- und Fensterprojekte

Für die Schlüsselloch- und Fensterprojekte eignet sich 3 bis 10 mm starkes Birkensperrholz. Ich verwende unterschiedliche Stärken beim Zusammenfügen dieser Projekte, um den gewünschten Effekt zu erzielen. Andere Holzsorten, etwa Walnuss, Pappel oder Eiche, eignen sich ebenso gut für diese Projekte.

Birkensperrholz, Walnuss, Pappel und Eiche eignen sich gut für diese Art von Projekten.

Was wollen Sie sägen?

Bevor wir loslegen, müssen Sie die Grundbegriffe verstehen, die für die Projekte und Muster in diesem Buch verwendet werden. Mit den hier gezeigten Vorlagen können Sie zweierlei Untersetzer, Postkarten, Fenster, Ornamente und Aufsteller sägen.

Tischuntersetzer: Ein Tischuntersetzer kann aus verschiedenen Materialien wie Holz, Keramik oder Metall bestehen und dient dazu, Tischplatten vor heißen Auflaufformen, Schüsseln, Töpfen usw. zu schützen. Es gibt dafür noch viele andere Namen, etwa Dreifuß oder Auflage, um nur einige wenige zu nennen.

Gefäßuntersetzer: Gefäßuntersetzer können aus den gleichen Materialien wie Tischuntersetzer hergestellt werden, sogar aus Papier. Die aus Papier werden auch Bierdeckel genannt und dienen dazu, Flüssigkeiten aufzusaugen. Da wir in diesem Buch Untersetzer aus Holz sägen, können diese nur Oberflächen vor Heiß- und Kaltgetränken schützen, aber keine Feuchtigkeit aufnehmen.

Postkarten, Fenster und Aufsteller: Sie werden oft aus Holz oder Metall gefertigt und dienen üblicherweise als Wandschmuck oder Herzstück von Eßtisch, Küchentisch oder Anrichte. Diese Projekte können bemalt, gebeizt oder unbehandelt gelassen werden, um das Rohholz hervorzuheben.

Ornamente: Ornamente werden oft aus unterschiedlichen Materialien wie Holz, Keramik, Metall, Glas, Kunststoff oder Pappe gefertigt. Sie können bemalt, gebeizt oder für eine Rohholzoptik unbehandelt gelassen werden.

Grundtechniken

Grundablauf

Jedes Projekt sollte dem gleichen grundlegenden Ablauf folgen, den Sie hier sehen. Es gibt drei Phasen: den Rohling mit dem Muster versehen (Vorbereitung), das Muster nachsägen (Sägen) und das fertige Stück säubern (Abschluss). Für mehr Fotos, Einzelheiten und Anleitungen zum Ablauf betrachten Sie die Schritt-für-Schritt-Projekte ab S. 30.

Vorbereitung

1. **Rohling aussägen.** Er sollte mindestens 1,5 cm größer sein als das Muster. Für einen Untersetzer mit Durchmesser 19 cm sollte der quadratische Rohling also eine Seitenlänge von mindestens 20,5 cm haben.
2. **Schleifen.** Schleifen Sie Seiten und Kanten gründlich mit Exzenterschleifer/Schleifmaschine.
3. **Staub entfernen.** Verwenden Sie Druckluft und/oder ein Staubbindetuch.
4. **Folie anbringen.** Schneiden Sie ein Stück Klebefolie zurecht. Entfernen Sie die Schutzschicht und kleben Sie die Folie auf die Oberseite des Rohlings. Es darf keine Lufteinschlüsse geben – ggf. neu kleben.
5. **Muster anbringen.** Behandeln Sie die Rückseite des Papiermusters mit Sprühkleber. Warten Sie eine Minute, bis der Kleber zu trocknen beginnt, dann kleben Sie das Muster auf die Folie. Beseitigen Sie eventuelle Luftblasen, indem Sie sie mit dem Daumen Druck aufbauen und sie zum Außenrand des Papiers schieben.

Sägen

6. **Führungslöcher bohren.** Bohren Sie alle Löcher für das Sägeblatt, die das Muster vorsieht. Bohren Sie auch allfällige weitere Löcher des Motivs (die nicht zum Sägen dienen).
7. **Rohling in der Säge platzieren.** Beachten Sie unbedingt alle Sicherheitshinweise und die Anweisungen des Sägeherstellers. Normalerweise sollten Sie das obere oder untere Ende des Sägeblattes aus der Halterung lösen und es dann durch das Führungsloch fädeln. Dann setzen Sie es wieder in die Halterung und spannen das Sägeblatt (mehr über Blattspannung auf S. 17).
8. **Ein Ausschnitt zur Zeit.** Beginnen Sie in der Mitte mit dem Aussägen und arbeiten Sie sich nach außen vor. Befolgen Sie die jeweiligen Anweisungen und Tippps zu Ihrem ausgewählten Muster.
9. **Außenkante sägen.** Dies kommt immer zuletzt.

Abschluss

10. **Folie und Muster entfernen.** Wenn alles ausgesägt ist, ziehen Sie die Klebefolie mit dem Muster ab.
11. **Schleifen.** Schleifen Sie Vorder- und Rückseite sowie die Außenkante erneut.
12. **Säubern mit Nadelfeilen.** Schleifen Sie schwer zugängliche Stellen ggf. mit Nadelfeilen.

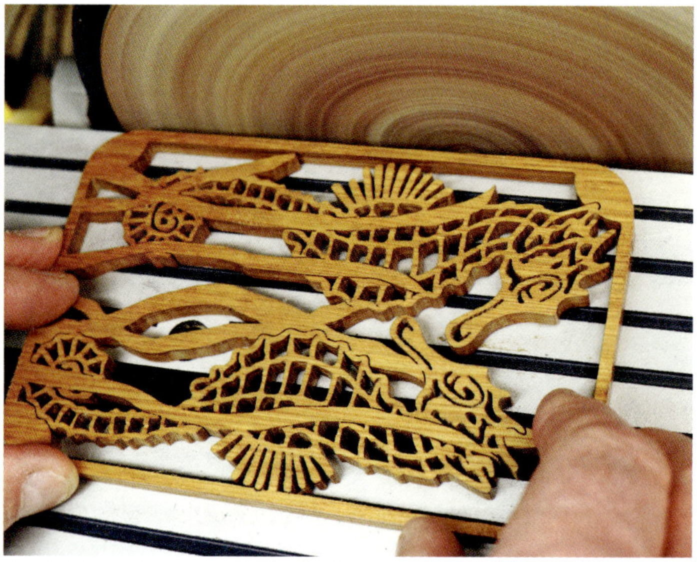

Schleifen mit der Schleifmaschine.

Mit einer Nadelfeile erreichen Sie schwer zugängliche Stellen.

Sägeblattauswahl

Welche Sägeblätter Sie für Ihr Projekt benötigen, hängt von Art und Stärke des verwendeten Holzes ab. Je stärker und dichter das Holz, desto größer die Blätter: Ein 13 mm starkes Stück Wenge (ein sehr hartes Holz) braucht ein größeres und robusteres Sägeblatt als ein gleich starkes Stück Kiefer (ein weiches Holz). Die beliebtesten Sägeblattgrößen für Projekte wie unsere sind 0,85 x 0,32 mm (#3), 1,02 x 0,36 mm (#5) und 1,24 x 0,4 mm (#7). Ich schneide mit einem 1,02 x 0,36 mm großen Blatt bis zu 2,5 cm starkes Holz; es ist mein Sägeblatt der Wahl für Untersetzer und Tafeln. Sie sollten verschiedene Sägeblattgrößen und -arten ausprobieren, um herauszufinden, womit Sie am besten arbeiten können.

Um die Projekte in diesem Buch nachzusägen, empfehle ich die Verwendung von Skip- oder Skip-Reverse-Blättern. **Skip-Blätter (A)** eignen sich gut zum Sägen von stärkerem Holz. Jeder zweite Zahn fehlt, wodurch die Reibung beim Sägen verringert und das Holz weniger stark erhitzt wird. **Skip-Reverse-Blätter (B)** haben im unteren Teil einen kurzen Abschnitt, wo die Zähne nach oben statt nach unten zeigen. Dadurch sägen sie nicht nur abwärts, sondern auch aufwärts und

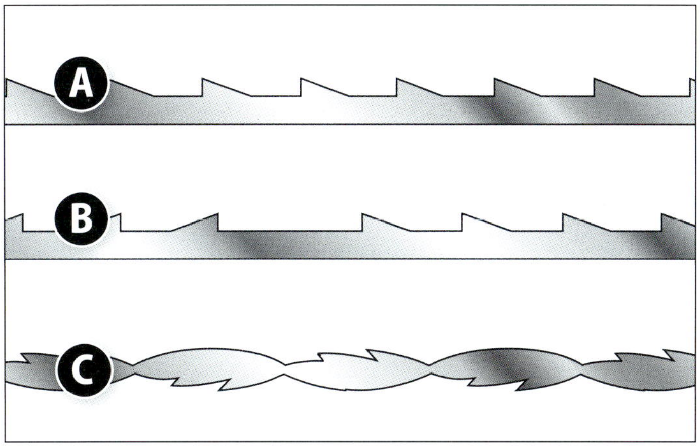

Beispiele für Sägeblätter mit Skip- (A), Skip-Reverse- (B) und Spiralzähnen (C).

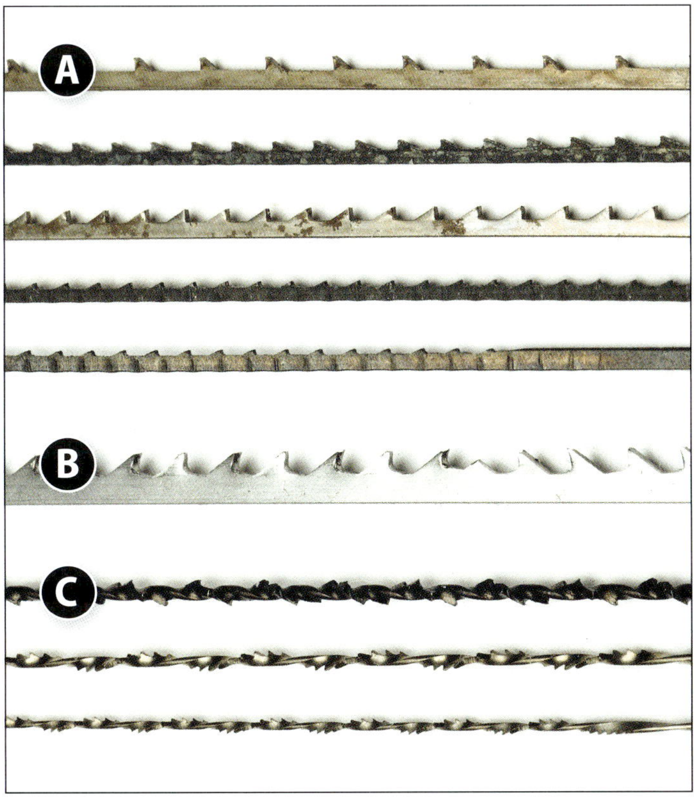

Profil von Sägeblättern mit Skip- (A), Skip-Reverse- (B) und Spiralzähnen (C).

erzeugen so eine glattere Kante, sodass Sie am Ende weniger schleifen müssen.

Sie bekommen diese Arten von Sägeblättern von bekannten Herstellern wie zum Beispiel Hegner, Niqua, Einhell, Pégas und Scheppach. Diese Sägeblätter haben meist einen Drall (eine Neigung zum Wandern) und werden deshalb beim Sägen nach links oder rechts abweichen. Planen Sie Ihre Schnitte entsprechend und kämpfen Sie nicht gegen die Bewegung an. Arbeiten Sie mit ihr. Ich persönlich mag die Blattart „Modified Geometry" von Pégas (Schweiz), weil diese nicht nach links oder rechts abweichen, sodass der Schnitt gerade bleibt. Sie sägen allerdings auch aggressiver, Sie könnten also einige Gewöhnungszeit brauchen.

Für die meisten Vorlagen in diesem Buch kann ich spiralverzahnte Sägeblätter nicht empfehlen, weil diese keine glatte Kante sägen. **Spiralverzahnte Blätter (C)** sind mit ihren in alle Richtungen zeigenden Zähnen gut für geschwungene Linien, aber nicht für gerade. Ich säge viele Porträts und nutze dafür Spiralblätter, aber für Untersetzer und Postkarten, wo glatte Schnitte für eine schöne Optik wichtig sind, brauche ich sie nur selten.

Es gibt noch andere Arten von Dekupiersägeblättern mit unterschiedlichen Eigenschaften und Verwendungen, beispielsweise Standardblätter, Doppelzahnblätter, Gegenzahnblätter, Multizahnblätter etc. Weil ich diese Sägeblätter nicht für die Projekte in diesem Buch empfehlen kann, werde ich sie hier nicht näher behandeln, aber wenn Sie ein anderes Blatt ausprobieren möchten, schauen Sie einfach, ob Sie mit dem Resultat zufrieden sind, wenn Sie damit Untersetzer oder Postkarten sägen.

Sägen

Allgemeine Sicherheitshinweise

Im Umgang mit elektrischen Geräten achten Sie stets auf Sicherheit – sonst finden Sie sich schnell in der Notaufnahme wieder. Lesen Sie die Bedienungsanleitungen Ihrer Geräte genau durch, bevor Sie an die Arbeit gehen.

Dekupiersägen gehören zu den sichersten Großgeräten, aber auch mit ihnen können Unfälle passieren, wenn Sie nicht aufpassen. Halten Sie Ihre Finger immer vor dem Werkstück und nicht obenauf, wo sie die Sägeblattklemme treffen kann. In Bewegung hat diese Klemme genug Kraft, um Ihre Fingerknöchel schwer zu verletzen. Ich halte mein Holz meist von den Seiten und schiebe es ins Sägeblatt, aber niemals dort, wo meine Finger unter diese Klemme kämen. Auch bei Akzenterschleifer und Kreissäge gilt: Passen Sie auf Ihre Finger auf!

Tragen Sie bequeme Kleidung, die nicht so lose sitzt, dass sie sich etwa in einer Tischkreissäge verfangen könnte, und möglichst eine Schutzbrille, um Ihre Augen vor herumfliegenden Splittern zu schützen.

Ich kann nicht genug betonen, wie wichtig eine gute Staub- oder Atemschutzmaske ist – tragen Sie immer eine. Holzstaub kann ihre Lungen reizen und sehr gesundheitsschädlich sein.

Dekupiersägen erzeugen sehr feinen Staub, der minutenlang in der Luft schwebt, also sollten Sie Ihren Arbeitsraum lüften. Ich habe eine Deckenabzugsvorrichtung in meiner Werkstatt und noch eine weitere aus einem alten Ofengebläse selbst gebaut. Wenn Sie für sowas keinen Platz haben, können Sie ein tragbares Gerät verwenden. Ein Bodenventilator mit anmontiertem Filter tut's auch und ist günstiger als ein Deckengerät.

Tragen Sie Atemschutz und eine Schutzbrille! Hier trage ich deshalb keine, weil das große Vergrößerungsglas meine Augen schützt.

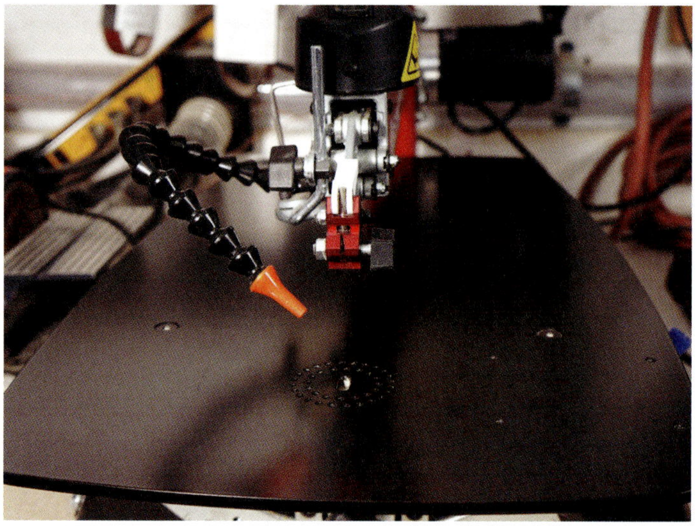

Ein Absaugkanal (Gebläsedüse) hält Ihr Werkstück durchgängig frei von Sägemehl.

Tipp »»»»»

Beschlagene Brillengläser sind oft ein Problem, wenn Sie Brille und Schutzmaske zusammen tragen. Ich habe im Laufe der Jahre zahlreiche Masken ausprobiert und ein Modell gefunden, mit dem meine Brille nicht beschlägt: die GVS Elipse P100. Ich mag die passgenaue Form und den flachen Schnitt. Sie können noch einige weitere Masken von der Firma 3M verwenden, die bei Holzarbeitern sehr beliebt sind: die Mehrweg-Halbmaske „Quick Latch", Mehrweg-Halbmaske „Serie 6000", Partikelmaske „Aura" mit „Cool-Flow"-Ventil oder die Mehrweg-Halbmaske „Secure Click". Viele Hersteller bieten hochwertige Staub- und Atemschutzmasken an, also informieren Sie sich!

Die Sägeschlitzmethode im Einsatz.

Ausrichten mit einem Anschlagwinkel.

Wenn Sie ein Fenster haben, hilft auch der Einbau eines Abzugventilators. Wenn Ihre Werkstatt nicht in der Garage oder in einem Schuppen ist, sondern im Wohnhaus, dann decken Sie ggf. den Einlass der Lüftungsanlage in diesem Raum ab, damit sich die staubige Luft nicht darüber im ganzen Haus verteilen kann.

Absaugkanal und Gebläsedüse Ihrer Dekupiersäge helfen, die Luft etwas klarer und Ihr Werkstück etwas sauberer zu halten, aber sie sind kein Ersatz für eine Schutzmaske und gute Belüftung.

Den Tisch ausrichten

Die meisten Dekupiersägen haben einen einstellbaren Tisch, der Ihnen das Sägen in verschiedenen Winkeln gestattet. Manchmal brauchen Sie einen bestimmten Winkel, doch die meiste Arbeit wird mit dem Sägeblatt senkrecht zum Tisch erledigt. Wenn der Tisch nur minimal schräg steht, bekommen Sie schräge Schnitte. Das spielt bei Untersetzern keine große Rolle, aber bei Puzzleteilen, Intarsien, Segmentierungen und vielen anderen Dekupiersägenprojekten bekommen Sie ein Problem. Achten Sie also auf Präzision!

Für die übliche Methode, um einen Tisch auszurichten, brauchen Sie einen kleinen Metallwinkel oder Anschlagwinkel. Setzen Sie ihn auf den Sägetisch und schieben Sie ihn an das gespannte Sägeblatt. Der Tisch muss rechtwinklig zum Blatt stehen.

Beliebt ist auch der Probeschnitt. Sägen Sie ein mindestens 19 mm starkes Stück Restholz durch und prüfen Sie die Schnittkante mit dem Winkel. Verstellen Sie den Tisch, bis die Kante makellos gerade wird.

Es gibt noch die Sägeschlitzmethode. Nehmen Sie einen 45 mm starken Holzrest und sägen Sie ca. 3 mm hinein. Stoppen Sie die Säge, ziehen Sie das Sägeblatt heraus und legen Sie das Holz an dessen Rückseite. Wenn das Blatt leicht in den Schlitz hineingleitet, steht der Tisch rechtwinklig. Wenn nicht, verstellen Sie ihn und fangen von vorn an, bis es klappt.

Blattspannung

Bevor Sie ein Sägeblatt einsetzen, entspannen Sie die Halterung. Setzen Sie beide Enden des Blattes in die Halteklemmen ein und spannen Sie es. Drücken Sie mit dem Finger gegen das Blatt. Es sollte sich in keine Richtung weiter als 3 mm biegen lassen. Ohne ausreichende Spannung wird das Blatt im Holz wandern. Es wird sich auch seitwärts biegen und unregelmäßig oder schief sägen. Wenn Sie zu stark auf ein loses Blatt drücken, wird es meist abknicken. Ein zu stark gespanntes Blatt kann leichter brechen oder aus den Halteklemmen ausreißen. Allgemein ist es besser, das Sägeblatt zu stark als zu wenig zu spannen.

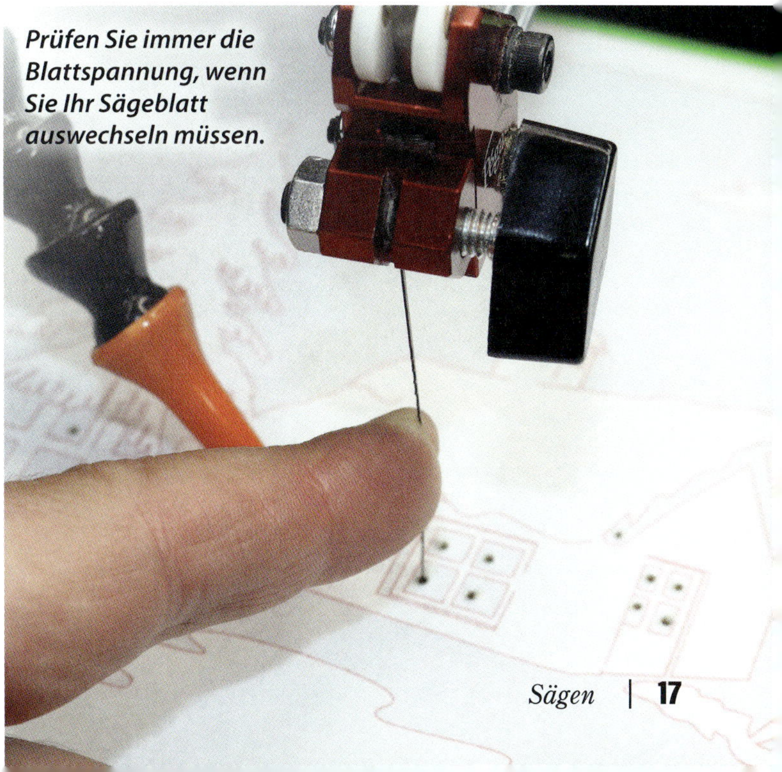

Prüfen Sie immer die Blattspannung, wenn Sie Ihr Sägeblatt auswechseln müssen.

Tipp »»»»»

Ich benutze ein beleuchtetes Vergrößerungsglas für genaueres Sägen. Ich finde, dass es die Arbeit sehr verbessert. Probieren Sie es mal aus!

Sicheres Sägen

Es ist wirklich extrem wichtig, häufig das Sägeblatt zu wechseln. Sobald ein Blatt langsamer läuft, das Holz anbräunt, sich aus der Klemme löst oder zu wandern beginnt, muss es weg und ein Neues muss her. Sägeblätter sind billig, Holz ist es nicht. Achten Sie darauf, genug Blätter für Ihr Projekt zu haben, um nicht in Versuchung zu geraten, ein kaputtes Blatt weiterzuverwenden. Wenn Sie viel sägen, sparen Sie und kaufen Sie die Blätter en gros.

Überstürzen Sie nichts und zwingen Sie das Holz nie in die Säge. Eile und Kraft lassen das Blatt wandern, schneller abstumpfen und schief sägen. Sie können damit Ihr Projekt ruinieren und sogar Ihre Dekupiersäge vorzeitig abnutzen. Nehmen Sie sich also Zeit und machen Sie es richtig. Lassen Sie die Säge die Arbeit machen und schieben Sie das Holz sachte gegen das Blatt.

Sie haben die Wahl, wie schnell Sie Ihre Säge laufen lassen. Ich empfehle etwas weniger als halbe Kraft. Viele sägen problemlos auf Höchstleistung, aber ich gehe es lieber langsam an und arbeite mich an den Linien der Vorlage entlang, bis ich fertig bin. Das Ergebnis wird sauber und ansehnlich. Nichts ist schlimmer, als stundenlang zu arbeiten und schließlich danebenzusägen, weil das stumpfe Sägeblatt wandert.

Auch ich mache Fehler! Nehmen Sie sich Zeit, hetzen Sie sich nicht – langsame, genaue Arbeit sorgt für saubere Sägearbeiten.

Stapelsägen

Auf diese Weise können Sie mehrere Teile für ein Projekt – oder gleich mehrere Projekte – auf einmal sägen. Sie befestigen einfach mehrere Rohlinge aneinander und sägen sie alle zusammen. Ich klebe meine Rohlinge mit Malerkrepp zusammen (siehe unten), aber Sie können auch Heißkleber oder sogar Nägel nutzen. Wenn Sie Leistenstifte verwenden, schneiden und feilen Sie sie ab, um nicht Ihren Tisch zu zerkratzen.

1

Holz vorbereiten. Hier verwende ich Bambus (oben) und Sassafras.

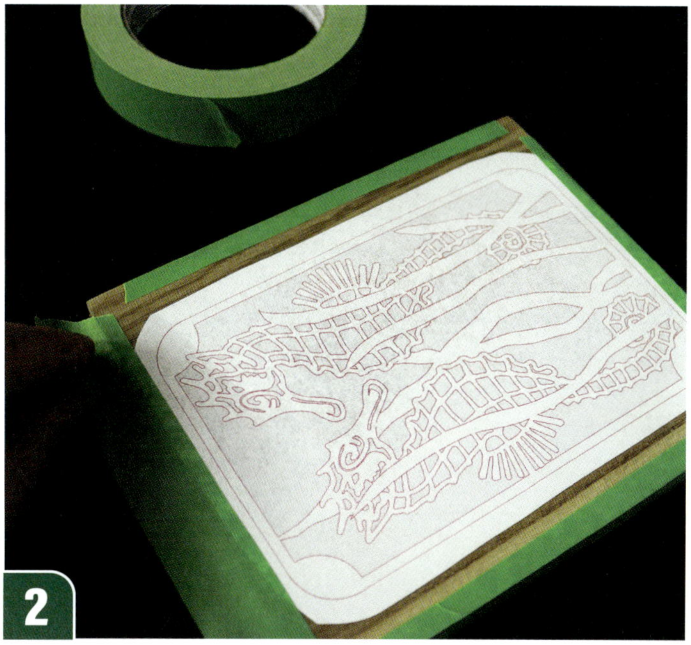

2

Die Vorlage wie gehabt auf ein Holzstück kleben, dann die Teile aufeinanderstapeln und sie mit Malerkrepp fest zusammenkleben. Sie können bis zu drei Stücke gemeinsam sägen, solange der Stapel nicht zu hoch wird – maximal 19 mm.

3

Ganz normal aussägen.

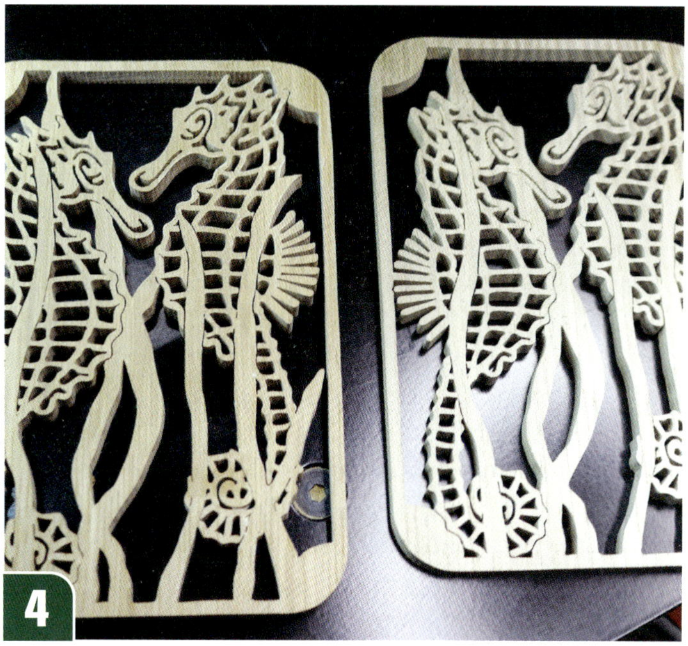

4

Zwei Stücke zum Preis von einem!

Veredeln

Wie Sie Ihre Projekte veredeln (oder auch nicht), ist Ihre Sache. Wichtig ist aber, wozu das Stück dienen soll. Ein Untersetzer etwa, der gelegentlich für eine heiße Auflaufform zum Einsatz kommt, ist letzten Endes ein Verschleißgegenstand zwischen Tischoberfläche und Geschirr. Mit der Zeit wird jeder Untersetzer seine Farbe verlieren oder sogar Brandspuren abbekommen. Damit muss man rechnen.

Oft hört man, dass ein Untersetzer für häufigen Gebrauch mit hohen Temperaturen besser gar nicht veredelt werden sollte. Aber ich finde, dass per Hand aufgetragenes Mineralöl oder Danish Oil eine tolle Wahl für solche Stücke ist. So wird das Holz geschützt und mit einem schönen, sanften Glanz überzogen, der die Maserung hervorhebt. Ein weiterer Vorteil von Ölpolitur ist, dass Sie bei Abnutzungserscheinungen das Stück einfach abschleifen und eine neue Schicht oder zwei auftragen können.

Mit Ölpolitur folgen Sie diesen Schritten. Sie können Öl auch mit einem Pinsel auftragen, statt einzutauchen; die Tipps bleiben gleich.

1

Geben Sie eine Schicht Öl in eine große Wanne; Aufbewahrungskisten aus Kunststoff sind ideal dafür. Handschuhe tragen!

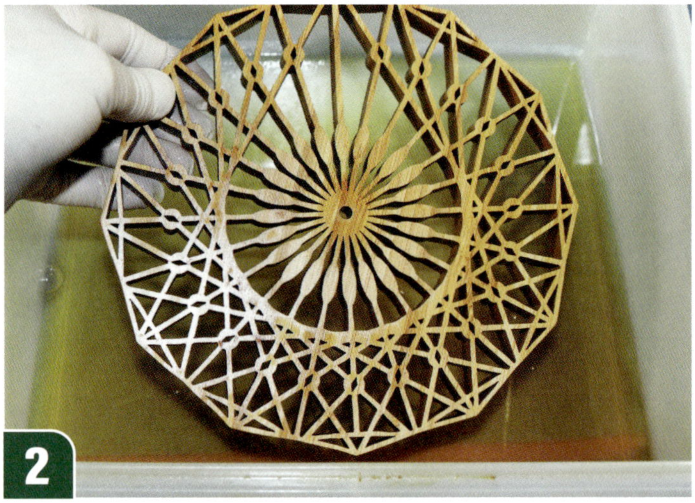

2

Tauchen Sie Ihr Stück in die ölgefüllte Wanne. Anders als Acrylfarbe wird sich das Öl gut verteilen und auch schwer zu erreichende Winkel und Ausschnitte füllen. Lassen Sie es 2–10 Minuten lang ins Holz einziehen.

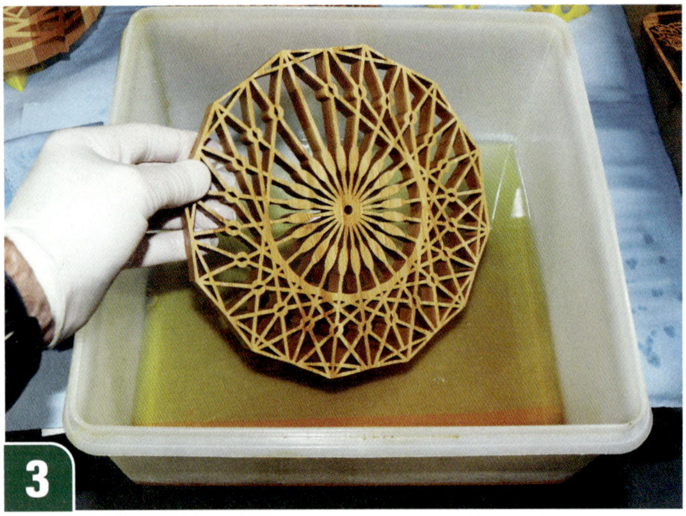

3

Wenn Ihr Ölbad nicht tief genug ist, um das Holz zu bedecken, wenden Sie es und tauchen Sie die andere Seite ein. Lassen Sie das Öl erneut einziehen, dann nehmen Sie das Stück aus der Wanne.

4

Wischen Sie überschüssiges Öl mit einem weichen Lappen oder Handtuch ab. Lassen Sie das Stück 12–24 Stunden lang auf Malerpyramiden trocknen. Wiederholen Sie den Vorgang für eine zweite, ggf. dritte Schicht.

Wählen Sie Sprühlack, der ihren Anforderungen entspricht. Legen Sie Ihre Stücke auf Malerpyramiden und sprühen Sie auf einer Wegwerfunterlage, etwa einem Stück Pappe.

Für zusätzlichen Schutz können Sie einen hitzebeständigen Klarlack aufsprühen oder -streichen. Oder wenn Sie einen Untersetzer z.B. unter einen gelegentlich nassen Blumentopf auf dem Tisch schieben wollen, nehmen Sie wasserfesten Klarlack. Untersetzer für den Außenbereich können für die UV-Resistenz ein wetterfestes Spray oder Polyurethan vertragen. Lassen Sie solchen Lack immer komplett trocknen, bevor Sie das Stück verwenden!

Wenn Sie Ihren Untersetzer auf eine Tischdecke oder eine hölzerne Oberfläche stellen wollen, sollten Sie besser „Füße“ aus Filz oder Kork auf der Unterseite anbringen. So kann der Stoff kein Öl aus dem Holz saugen, falls Sie keine Lackschicht hinzugefügt haben, und auch Kratzer werden vermieden. Solche Zwischenscheiben gibt es überall in Werkzeug-, Kram- und Bastelläden. Achten Sie darauf, dass sie stark genug sind, um einen Abstand zwischen Untersetzer und Tischplatte zu halten.

Zur Veredelung von Gefäßuntersetzern trage ich zuerst eine Versiegelung auf, dann zwei oder drei Schichten Lack zum Aufsprühen oder -pinseln, etwa Polyurethan.

Wenn Sie Untersetzer oder Tafel zur Dekoration nutzen und anmalen möchten, sind Acrylfarben eine gute Wahl.

Sprühlacke lassen sich einfach und schnell auftragen.

Filz-„Füße" wie hier dienen als zusätzliche Schutzschicht für die Oberflächen Ihres Haushaltes.

Acrylfarben sind ein einfacher Weg, um Ihre Stücke aufzupeppen.

Sie können sie in kleinen Dosen oder Plastikflaschen in jedem Bastelladen und auch in vielen Ramschläden kaufen. Versiegeln Sie das Holz zuerst, wenn Sie möchten, oder tragen Sie die Farbe direkt auf das Rohholz auf. Wenn Sie mit dem Malen fertig sind, sollten Sie alles mit mattem oder halb glänzendem Klarlack überziehen. Wenn Sie kein Spray mögen, nehmen Sie Polyurethan für die Schutzschicht. Ihr örtlicher Baumarkt wird beides anbieten, also probieren Sie aus, was Ihnen am besten gefällt.

Galerie

Abgefahren: Diese Fahrradaufsteller sind ideal, um Ihren Schreibtisch oder Garten aufzufrischen.

Erheben Sie Ihre Gedecke auf kunstvolle Untersetzer, die Funktionalität und Eleganz verbinden.

Blicken Sie mit der fein gestalteten Wassermühle in die Vergangenheit heiterer ländlicher Erinnerung.

Ein herzförmiges Deko-Ornament gibt ein tolles Geschenk zum Valentinstag ab.

Verleihen Sie Ihrem Morgenkaffee mehr Ruhe mit diesem faszinierenden Mandala-Untersetzer.

Schmücken Sie Ihr Haus mit selbst gemachten Ornamenten und verleihen Sie jedem Anlass festlichen Zauber.

Finden Sie die zeitlose Schönheit des Herbstes im Blättermosaik, einer Erinnerung an die Pracht der Natur für Ihren Schreibtisch.

Untersetzer mit Baummuster dienen nicht nur zum Servieren, sondern auch als zauberhafte Dekorationen.

Erfüllen Sie Ihr Haus mit dem Glanz des Frühlings durch diesen Blumenuntersetzer, ein Zeugnis natürlicher Makellosigkeit.

Das Schlüsselloch mit Waschbär verleiht Ihrer Dekoration eine drollige Note.

Holen Sie mit tanzenden Bäumen den Geist des Waldes zu sich herein.

Überraschen Sie Ihr Herzblatt mit Herzen für den Schreibtisch.

Ein hinreißender Untersetzer mit Aztekenmuster und faszinierender Geometrie.

Erleuchten Sie den Raum mit dieser strahlend sonnigen Postkarte.

Dieser auffällige Untersetzer mit wirbelndem Design wird an jedem Ort zum Hingucker.

Lassen Sie Ihre Kreativität abheben mit diesem Heißluftballon-Fenstermotiv!

Dieser Untersetzer wiederholt eine simple Form für eine hypnotische Gestaltung.

Projekte

Ornament „Baum“

Einsteiger

Schaffen Sie ein zauberhaftes Ornament rund um eine klassische Baumsilhouette im Zentrum. Dieses Einsteigerprojekt ist ideal für Neulinge an der Dekupiersäge, um die Grundlagen von Schnitten und Details zu üben. Ob als Dekoration oder persönliches Geschenk, dieses Stück wird jeder Umgebung Wärme und Charme verleihen.

Werkzeug und Material

- Holz Ihrer Wahl
- Kapp-(Gehrungs-)Säge oder Radial-Arm-Kreissäge (oder welche Säge Sie bevorzugen)
- Schleifpapier, unterschiedliche Körnungen
- Staubbindetuch
- abziehbare Klebefolie
- Sprühkleber
- Handbohrmaschine/Tischbohrer, verschiedene Durchmesser
- Dekupiersäge, Sägeblätter (Spiralzähne und Skip Reverse)
- Nadelfeilen
- Exzenterschleifer

Vorlage auf Seite 43.

Rohling abmessen. Er soll quadratisch sein, ca. 13 cm Seitenlänge.

Rohling ausschneiden. Kapp- oder Radial-Arm-Kreissäge sind gut, aber Sie können auch andere nehmen. Schneiden Sie gleich zwei oder drei Rohlinge aus.

Rohlinge schleifen. Schleifen Sie jeden Rohling mit dem Exzenterschleifer (Körnung 120–150) beidseitig gründlich ab.

Staub entfernen. Wischen Sie die Rohlinge mit dem Staubbindetuch ab.

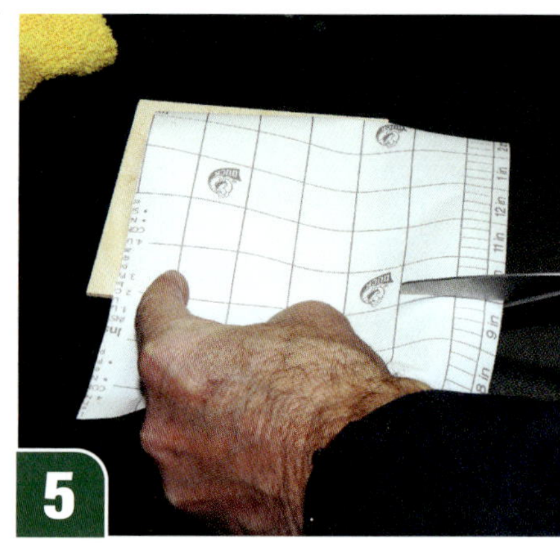

Folie vorbereiten. Schneiden Sie die Klebefolie auf Größe des Rohlings zu.

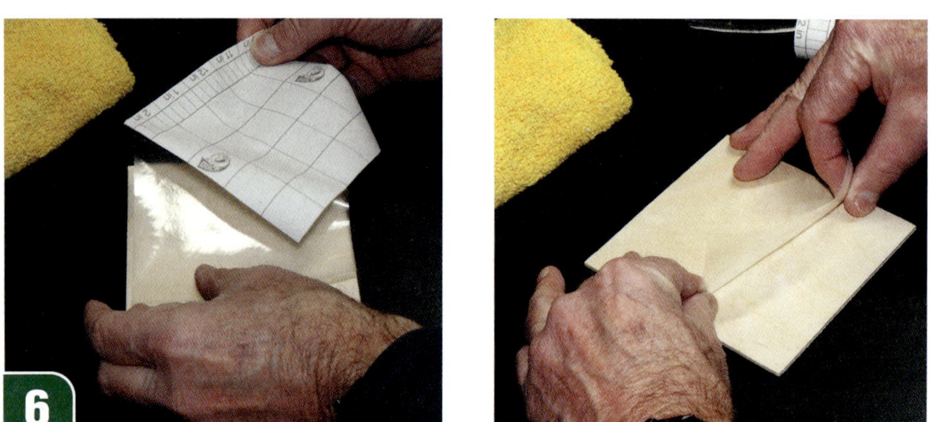

Folie aufkleben. Ziehen Sie den Schutzfilm ab, drücken Sie die Klebeseite fest auf den Rohling auf und reiben Sie Luftblasen heraus.

Sprühkleber auf Rückseite der Vorlage auftragen. Lassen Sie ihn 30 bis 60 Sekunden einwirken, bis er klebt.

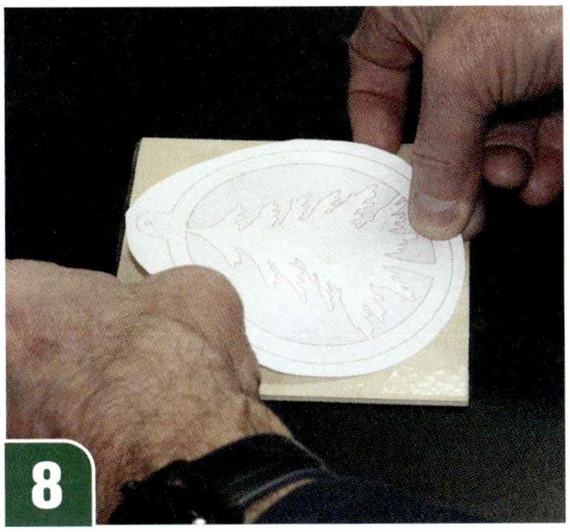

8

Vorlage aufkleben. Drücken Sie die Vorlage mittig auf die Folie und entfernen Sie alle eventuellen Luftbläschen.

9

Stapelsägen vorbereiten (optional). Wollen Sie mehrere Ornamente sägen, so legen Sie die Rohlinge mit der Vorlage nach oben aufeinander. Mit Malerkrepp an den Rändern zusammenkleben.

10

Führungslöcher bohren. Benutzen Sie Handbohrmaschine oder Standbohrer.

11

Lossägen. Beginnen Sie, den Baum mit dem Spiralblatt nachzusägen. Drücken Sie den Stapel fest auf den Sägetisch.

12

Baum vollständig aussägen. Dann die Rückseite abschleifen, um Fransen zu entfernen.

13

Sägeblatt wechseln und Rahmen sägen. Tauschen Sie das Spiralzahnblatt gegen Skip Reverse. Dann den ringförmigen Rahmen sägen.

14

Vorlage entfernen und schleifen. Benutzen Sie Nadelfeilen, um enge Stellen zu säubern.

Untersetzer „Auge“

Erfahrene

Dies ist ein unkompliziertes, praktisches Stück für alle, die ihre Sägekünste ausbauen wollen. Verwenden Sie es in der Küche oder als unaufdringliche Dekoration.

Werkzeug und Material

- Holz Ihrer Wahl
- Kapp-(Gehrungs-)Säge oder Radial-Arm-Kreissäge (oder welche Säge Sie bevorzugen)
- Schleifpapier, unterschiedliche Körnungen
- Staubbindetuch
- abziehbare Klebefolie
- Sprühkleber
- Handbohrmaschine/Tischbohrer, verschiedene Durchmesser
- Dekupiersäge, Sägeblätter (Spiralzähne und Skip Reverse)
- Nadelfeilen
- Papiertücher
- Malerpyramiden
- Pappe/Holzreste

Vorlage auf Seite 44.

Rohling zuschneiden. Er sollte in jede Richtung ca. 1,25 cm größer als die Vorlage sein. Kapp- oder Radial-Arm-Kreissäge sind gut, aber Sie können auch andere nehmen. *Anmerkung: Vor Aufkleben der Vorlage beidseitig schleifen. Den Staub mit Staubbindetuch oder Druckluft entfernen.*

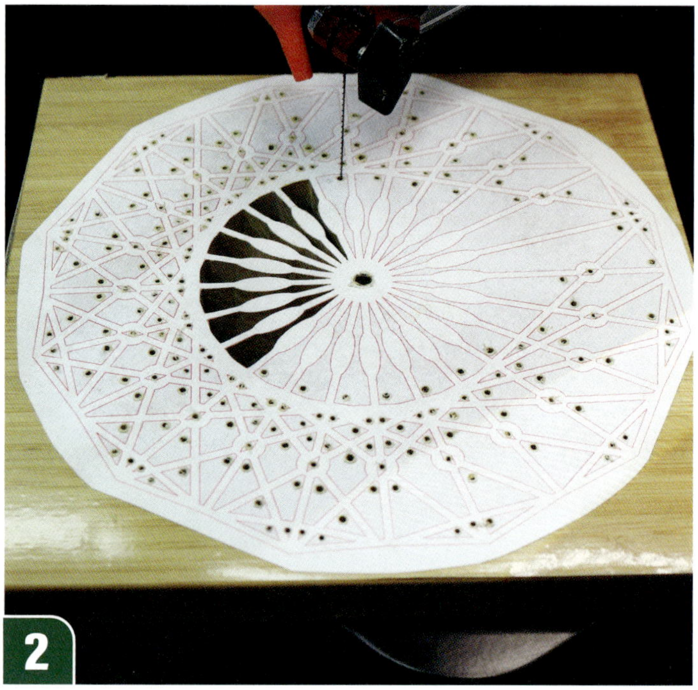

Führungslöcher bohren. Rückseite abschleifen, um Grate und Fransen zu entfernen. Dann mit dem Aussägen des Mittelteils beginnen. *Anmerkung: Für das Mittelloch habe ich einen 6-mm-Bohrer verwendet.*

Nach außen vorarbeiten, dabei Werkstück drehen. Für definierte Ecken sägen Sie aus einer Richtung in die Ecke hinein, dann rückwärts heraus und aus einer anderen Richtung wieder hinein. Drehen im Schnitt führt zu Abrundungen.

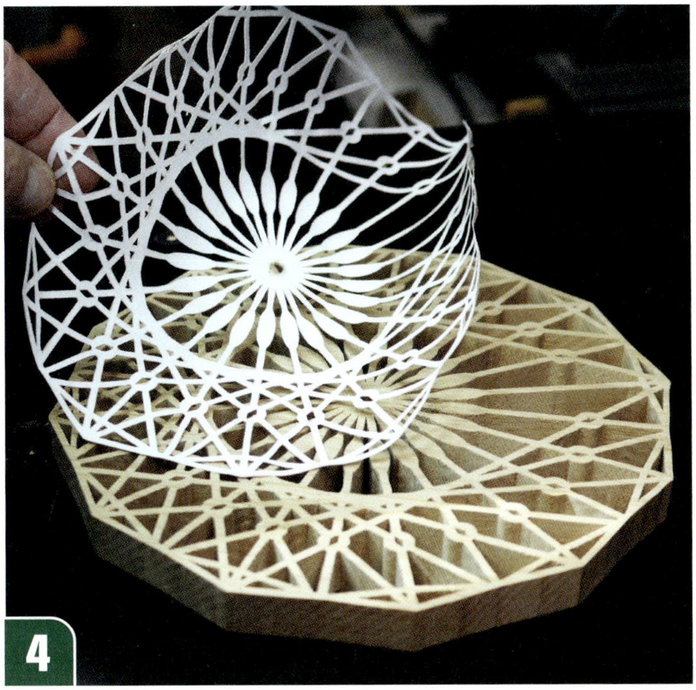

Rahmen sägen. Nach Abschluss die Vorlage entfernen. Alle Oberflächen schleifen und säubern, ehe Sie zum nächsten Schritt übergehen.

Veredelung aufbringen. Hierfür habe ich Danish Oil in eine Wanne gegeben, den Untersetzer hineingetaucht und es 2–5 Minuten lang einwirken lassen. Sie können aber auch andere Veredelungen wählen, wenn Sie möchten. Ich bevorzuge Danish Oil, weil es der Hitze eines Topfes oder einer Pfanne vom Herd widersteht.

Tipp

Mit der Zeit wird die Veredelung Ihres Untersetzers (oder anderen veredelten Stückes) verblassen. Zur Auffrischung vorsichtig abschleifen, Staub entfernen und neu veredeln.

Ölreste entfernen. Nehmen Sie den Untersetzer aus der Wanne und lassen Sie das Öl abtropfen. Dann wischen Sie die Reste mit einem Papiertuch ab. Legen Sie den Untersetzer zum Trocknen auf Malerpyramiden oder kleine Stücke Pappe oder Restholz. Für eine gründliche Abdeckung den ganzen Vorgang gegebenenfalls (mehrfach) wiederholen.

Fensterbild „Heißluftballons“

Erfahrene

Dieses verspielte Dekostück macht sich gut auf Tischen und an Wänden. Sägen Sie es nach, um Ihren eigenen kleinen Ausflug zu schaffen und die Möglichkeiten Ihrer Säge für Details und Ebenen zu nutzen.

Werkzeug und Material

- Holz Ihrer Wahl
- Kapp-(Gehrungs-)Säge oder Radial-Arm-Kreissäge (oder welche Säge Sie bevorzugen)
- Schleifpapier, unterschiedliche Körnungen
- Staubbindetuch
- abziehbare Klebefolie
- Sprühkleber
- Handbohrmaschine/Tischbohrer, verschiedene Durchmesser
- Dekupiersäge, Sägeblätter (Spiralzähne und Skip Reverse)
- Nadelfeilen
- Exzenterschleifer
- Holzleim
- Schraubzwingen
- Hintergrund Ihrer Wahl

Vorlagen auf Seiten 45–46.

Führungslöcher bohren. Benutzen Sie Handbohrmaschine oder Standbohrer.

Rohling schleifen. Schleifen Sie die Rückseite ab, um Grate und Fransen vom Bohren zu entfernen.

Großen Ballon und Korb daneben sägen. Für definierte Ecken sägen Sie aus einer Richtung in die Ecke hinein, dann rückwärts heraus und aus einer anderen Richtung wieder hinein. Drehen im Schnitt führt zu Abrundungen. Arbeiten Sie sich weiter nach oben und nach außen hin vor.

Linken Ballon sägen. Gehen Sie auf die gleiche Weise vor wie beim rechten Ballon.

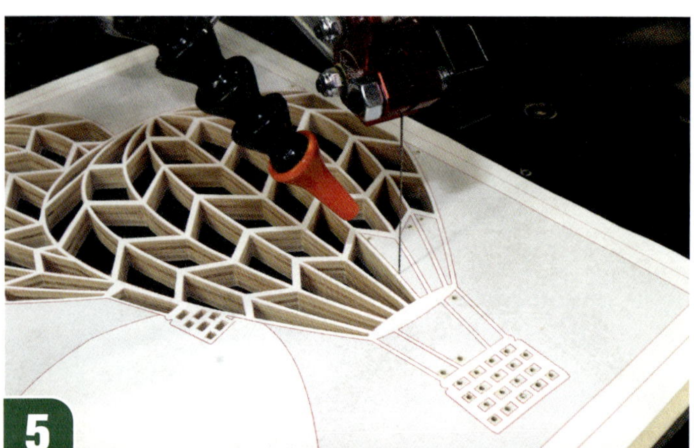

Unteren Teil des rechten Ballons sägen. Sägen Sie die längeren unteren Teile des rechten Ballons gleichmäßig und mit ruhiger Hand aus.

Korb sägen. Ob die kleinen rechteckigen Ausschnitte der Körbe kantige oder eher runde Ecken haben sollen, ist Ihre freie Wahl. Ich habe sie alle jeweils in einem Schwung gesägt und so Abrundungen geschaffen.

7

Überschuss aussägen. Wenn beide Ballons gesägt sind, sägen Sie zuerst den großen Bereich unterhalb des Hauptballons frei.

8

Kleinen Ballon aussägen. Sägen Sie den Umriss des kleineren Ballons nach. Wenn gewünscht, wechseln Sie zum Spiralblatt, um die Kante wie oben gezeigt zu betonen.

9

Überschuss und Rahmen sägen. Sägen Sie die übrigen leeren Bereiche frei, im Anschluss den äußeren Rahmen.

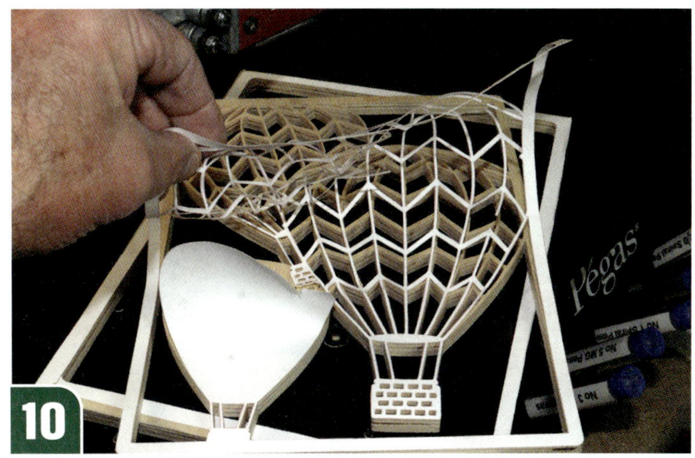

10

Vorlage entfernen. Fangen Sie in einer der oberen Ecken an und ziehen Sie sie ab.

11

Schleifen. Setzen Sie die ausgesägten Bereiche wieder ein und schleifen Sie beidseitig, um vom Sägen verbliebene Grate und Fransen zu entfernen. Die Überschussteile geben Stabilität, damit die feineren Bereiche nicht so leicht brechen.

12 **Fensterrahmen sägen.** Beginnen Sie in der Mitte mit dem Sägen, dann arbeiten Sie sich nach außen vor.

13 **Fensterrahmen aufkleben.** Bringen Sie den Fensterrahmen mit Holzleim wie oben gezeigt auf dem Hauptstück an.

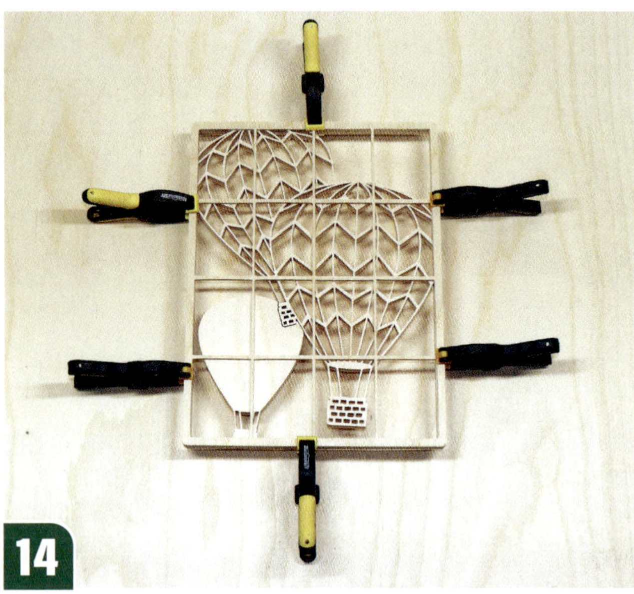

14 **Schraubzwingen anbringen.** Befestigen Sie den Fensterrahmen mit kleinen Holzklemmen und lassen Sie den Leim trocknen, ehe Sie diese entfernen. Veredeln Sie das Stück jetzt, falls gewünscht, bevor Sie weitermachen.

15 **Werk vollenden.** Ich habe hierfür einen Hintergrund aus Filz gewählt, den ich im örtlichen Bastelladen gekauft habe. Sie können auch Holz, Bastelkarton oder diverse andere Materialien verwenden (oder den Hintergrund weglassen). Bestreichen Sie die Rückseite des Rahmens mit Holzleim, dann bringen Sie Ihren Hintergrund an. Fest andrücken und trocknen lassen.

Projekt-vorlagen

Ornament „Baum“

auf 100 % kopieren

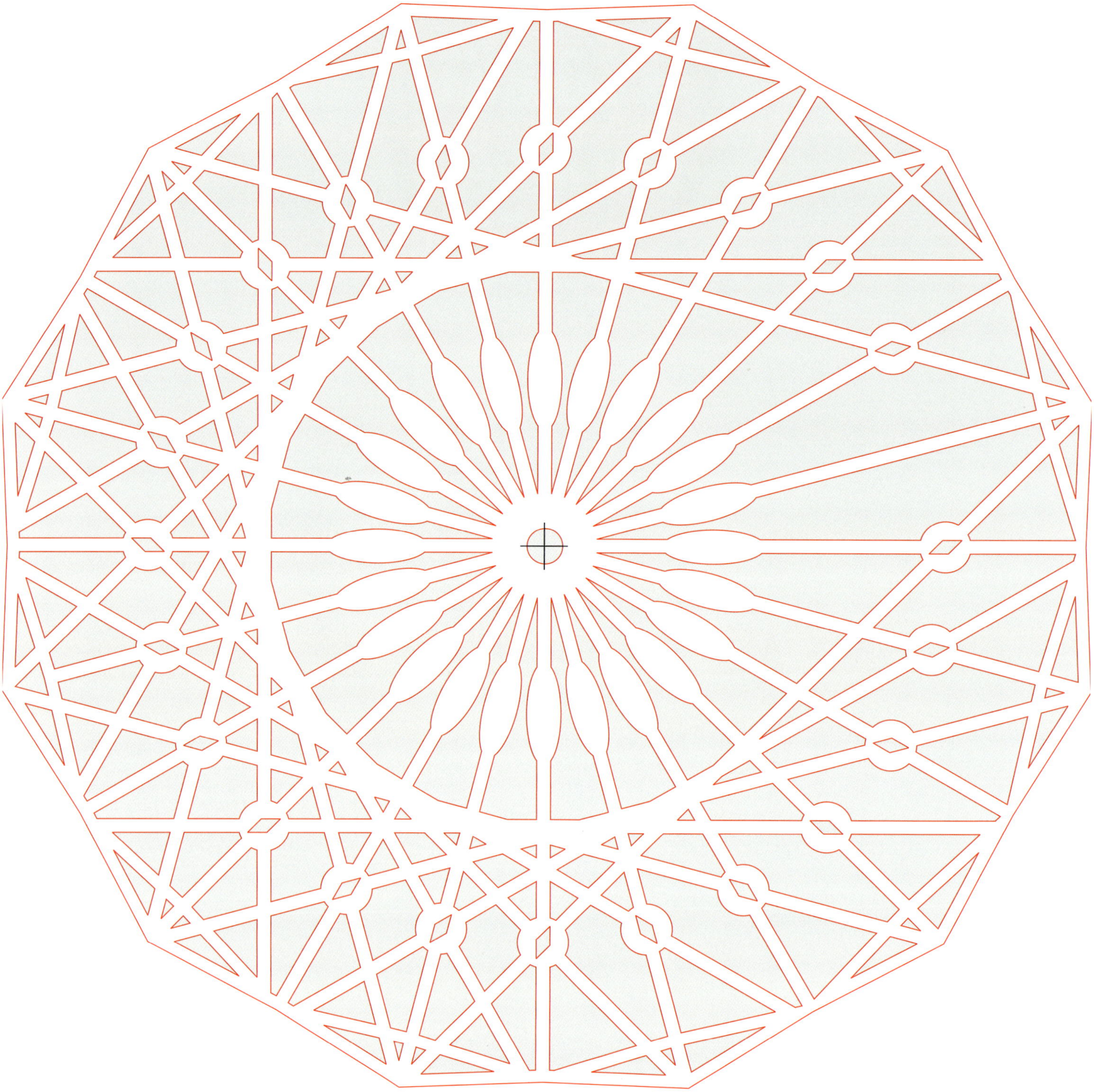

Untersetzer „Auge“

auf 100 % kopieren

Fensterbild „Heißluftballons“

auf 110 % vergrößern

Fensterbild „Heißluftballons"

auf 110 % vergrößern

weitere Vorlagen

Wenn nicht anders angegeben, haben die folgenden Vorlagen volle Größe.

Aufsteller „Fahrrad"

Einsteiger/Erfahrene

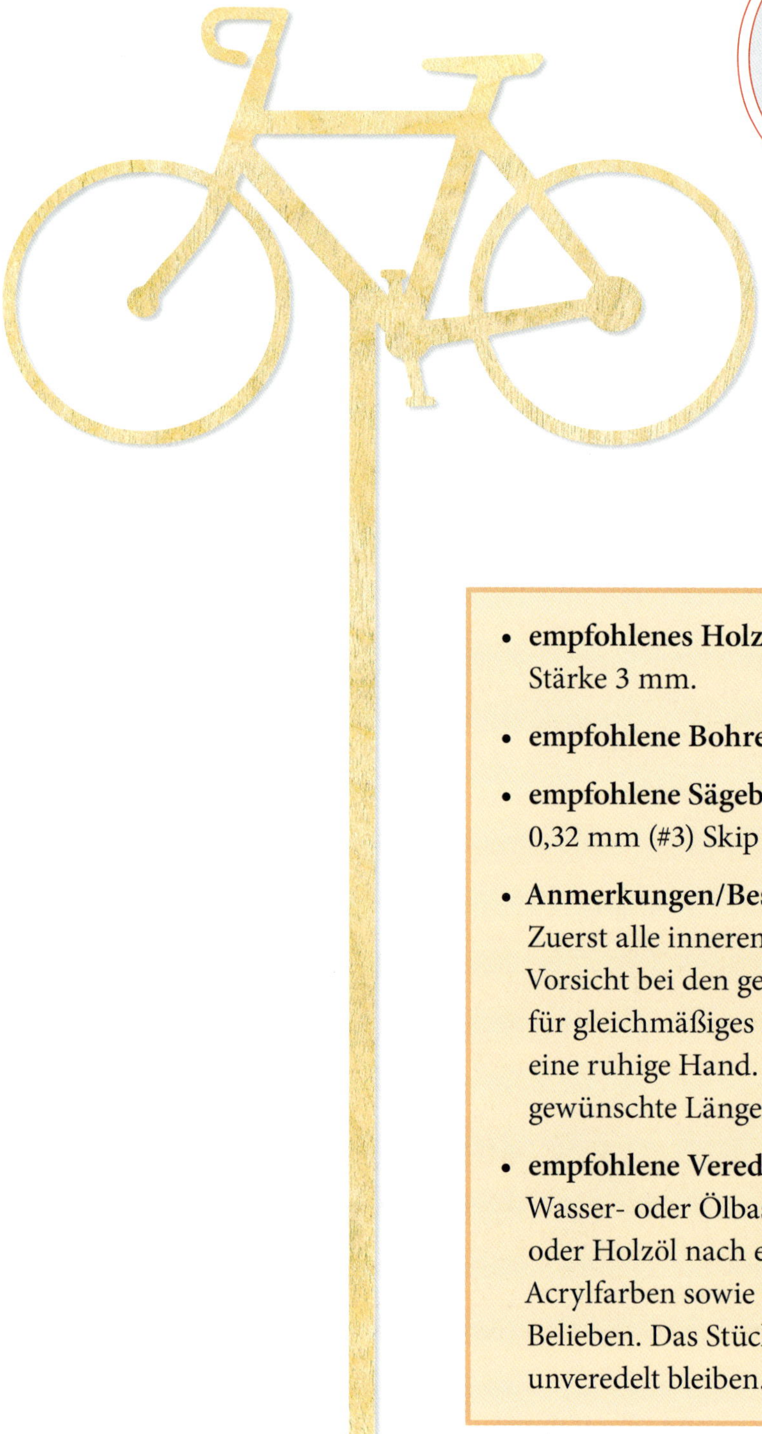

- **empfohlenes Holz:** Birkensperrholz, Stärke 3 mm.
- **empfohlene Bohrer:** #52 bzw. 2 mm.
- **empfohlene Sägeblätter:** 0,85 x 0,32 mm (#3) Skip Reverse.
- **Anmerkungen/Besonderheiten:** Zuerst alle inneren Teile aussägen. Vorsicht bei den geraden Linien; für gleichmäßiges Sägen braucht es eine ruhige Hand. Den Stiel auf die gewünschte Länge zuschneiden.
- **empfohlene Veredelung:** Beize auf Wasser- oder Ölbasis, Danish Oil oder Holzöl nach eigener Wahl, Acrylfarben sowie Klarlack nach Belieben. Das Stück kann auch unveredelt bleiben.

Aufsteller „Herz“

Einsteiger/Erfahrene

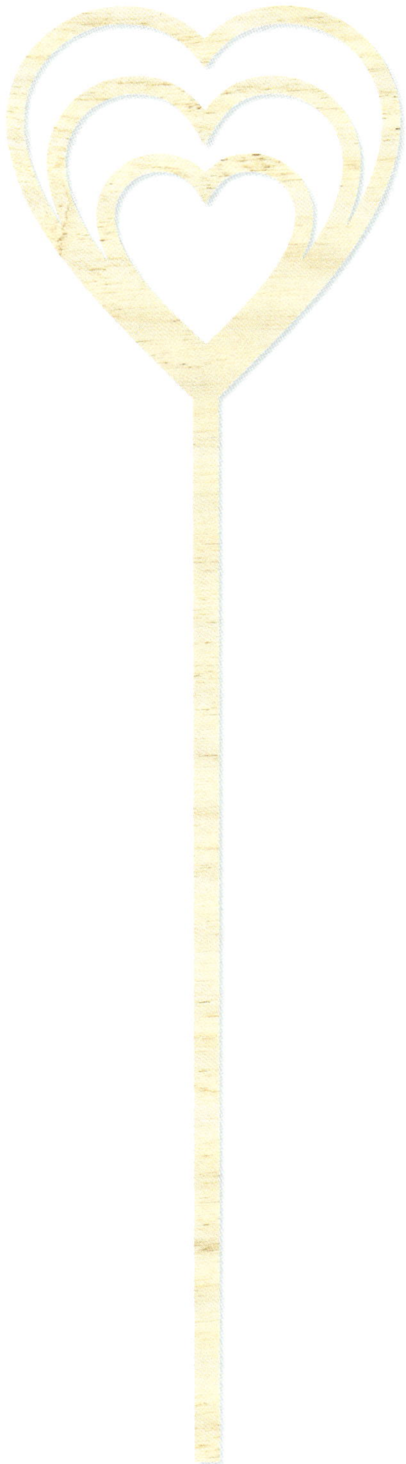

- **empfohlenes Holz:** Birkensperrholz, Stärke 3 mm.
- **empfohlene Bohrer:** #52 bzw. 2 mm.
- **empfohlene Sägeblätter:** 0,85 x 0,32 mm (#3) Skip Reverse.
- **Anmerkungen/ Besonderheiten:** Zuerst alle inneren Teile aussägen. Vorsicht bei den geraden Linien; für gleichmäßiges Sägen braucht es eine ruhige Hand. Den Stiel auf die gewünschte Länge zuschneiden.
- **empfohlene Veredelung:** Beize auf Wasser- oder Ölbasis, Danish Oil oder Holzöl nach eigener Wahl, Acrylfarben sowie Klarlack nach Belieben. Das Stück kann auch unveredelt bleiben.

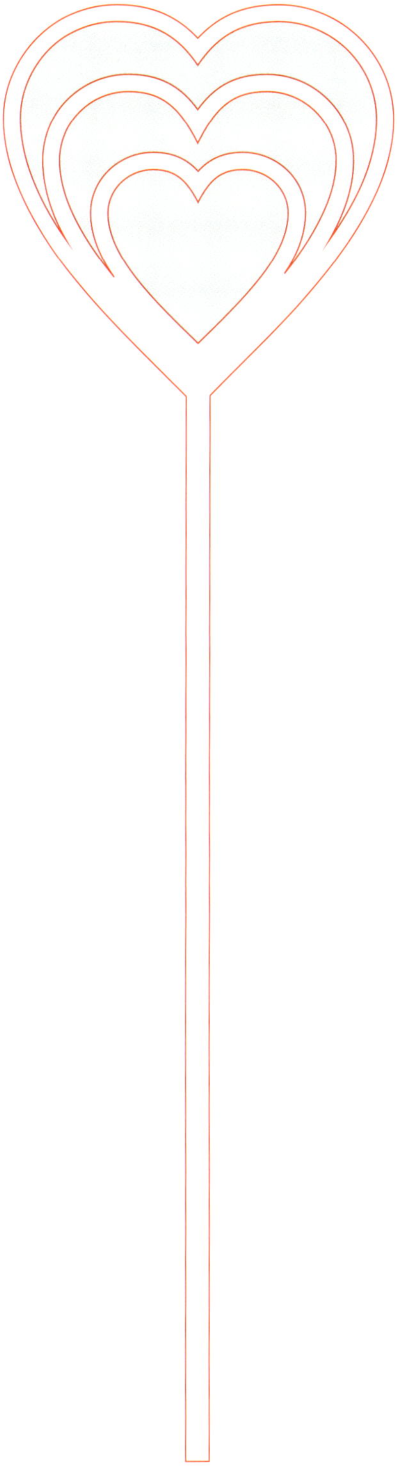

Aufsteller „Blume“

Einsteiger/Erfahrene

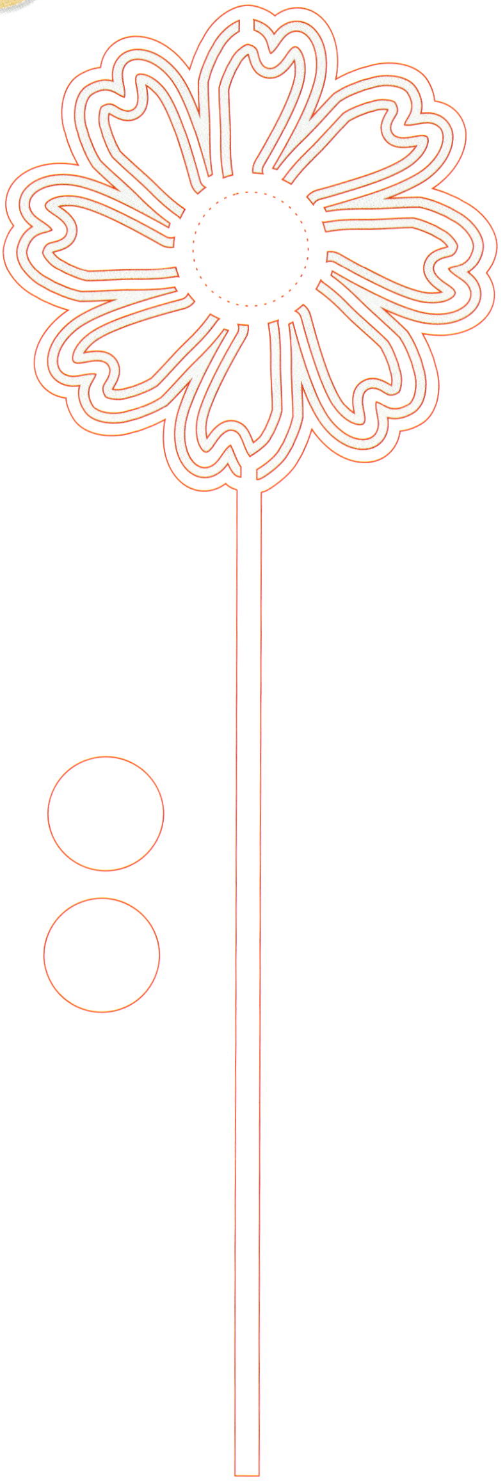

- **empfohlenes Holz:** Birkensperrholz, Stärke 3 mm.
- **empfohlene Bohrer:** #52 bzw. 2 mm und #56 bzw. 1,2 mm.
- **empfohlene Sägeblätter:** 0,85 x 0,32 mm (#3) Skip Reverse.
- **Anmerkungen/ Besonderheiten:** Wenn gewünscht, die bei der Vorlage mit zur Verfügung gestellten kleinen Kreise aussägen und mit Holzleim vorn und hinten auf die Blütenmitte kleben. Vorsicht bei den geraden Linien; für gleichmäßiges Sägen braucht es eine ruhige Hand. Den Stiel auf die gewünschte Länge zuschneiden.
- **empfohlene Veredelung:** Beize auf Wasser- oder Ölbasis, Danish Oil oder Holzöl nach eigener Wahl, Acrylfarben sowie Klarlack nach Belieben. Das Stück kann auch unveredelt bleiben.

Aufsteller „Häschen“

Einsteiger/Erfahrene

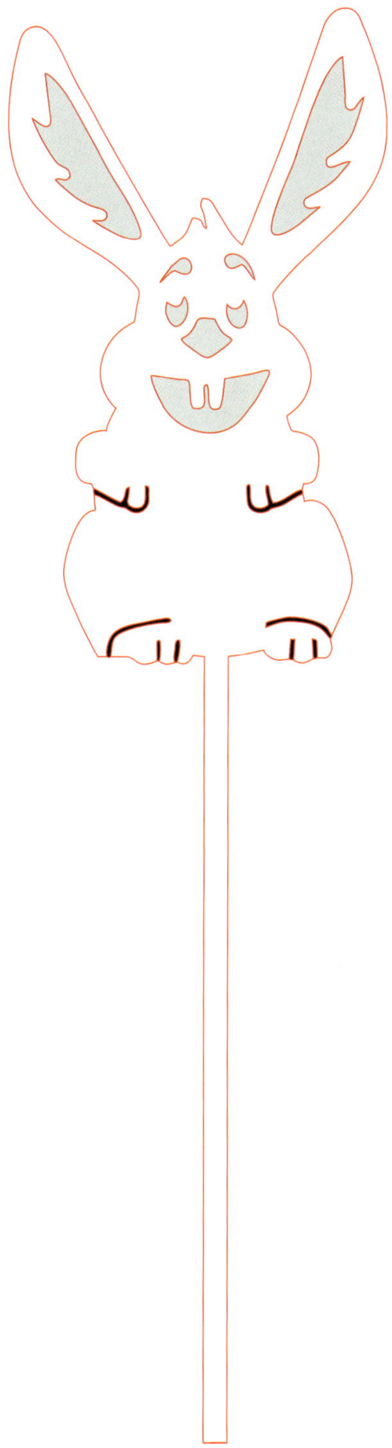

- **empfohlenes Holz:** Birkensperrholz, Stärke 3 mm.
- **empfohlene Bohrer:** #52 bzw. 2 mm und #56 bzw. 1,2 mm.
- **empfohlene Sägeblätter:** 0,7 (#2/0) bis 0,75 mm (#0) Spiralzahn; 0,85 x 0,32 mm (#3) Skip Reverse.
- **Anmerkungen/ Besonderheiten**: Zuerst alle inneren Teile aussägen. Für die Konturen der Häschenpfoten empfehle ich Spiralblätter. Vorsicht bei den geraden Linien; für gleichmäßiges Sägen braucht es eine ruhige Hand. Den Stiel auf die gewünschte Länge zuschneiden.
- **empfohlene Veredelung:** Beize auf Wasser- oder Ölbasis, Danish Oil oder Holzöl nach eigener Wahl, Acrylfarben sowie Klarlack nach Belieben. Das Stück kann auch unveredelt bleiben.

Aufsteller „Skalar“

Einsteiger/Erfahrene

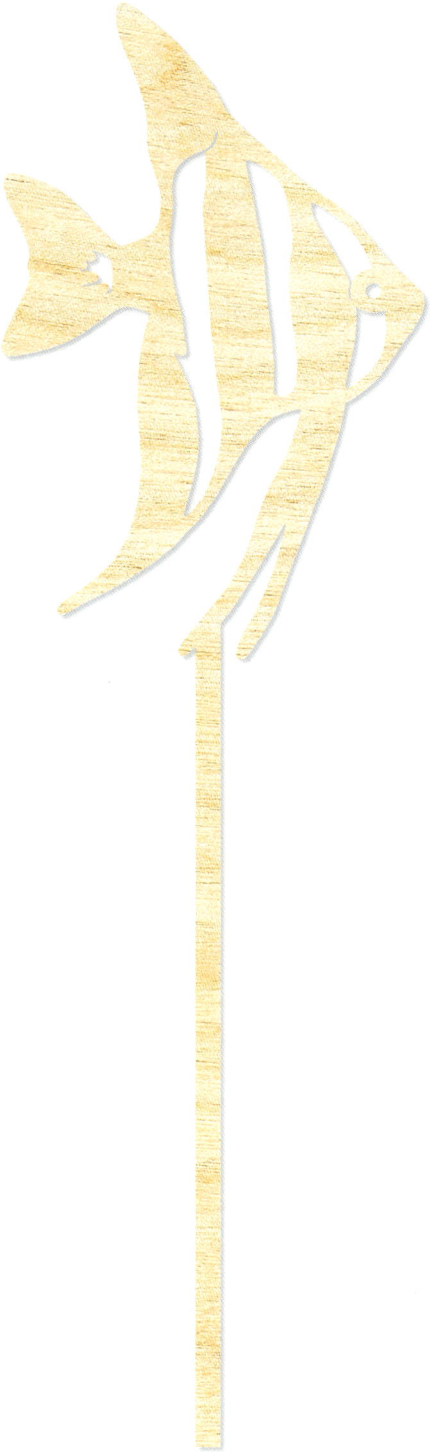

- **empfohlenes Holz:** Birkensperrholz, Stärke 3 mm.
- **empfohlene Bohrer:** #52 bzw. 2 mm und #56 bzw. 1,2 mm; Auge: #42 bzw. 2,5 mm.
- **empfohlene Sägeblätter:** 0,85 x 0,32 mm (#3) Skip Reverse.
- **Anmerkungen/ Besonderheiten:** Zuerst alle inneren Teile aussägen. Vorsicht bei den geraden Linien; für gleichmäßiges Sägen braucht es eine ruhige Hand. Den Stiel auf die gewünschte Länge zuschneiden.
- **empfohlene Veredelung:** Beize auf Wasser- oder Ölbasis, Danish Oil oder Holzöl nach eigener Wahl, Acrylfarben sowie Klarlack nach Belieben. Das Stück kann auch unveredelt bleiben.

Aufsteller „Baum“

Einsteiger/Erfahrene

- **empfohlenes Holz:** Birkensperrholz, Stärke 3 mm.
- **empfohlene Bohrer:** #52 bzw. 2 mm; Sternmitte: #42 bzw. 2,5 mm.
- **empfohlene Sägeblätter:** 0,85 x 0,32 mm (#3) Skip Reverse.
- **Anmerkungen/ Besonderheiten**: Zuerst alle inneren Teile aussägen. Vorsicht bei den geraden Linien; für gleichmäßiges Sägen braucht es eine ruhige Hand. Den Stiel auf die gewünschte Länge zuschneiden.
- **empfohlene Veredelung:** Beize auf Wasser- oder Ölbasis, Danish Oil oder Holzöl nach eigener Wahl, Acrylfarben sowie Klarlack nach Belieben. Das Stück kann auch unveredelt bleiben.

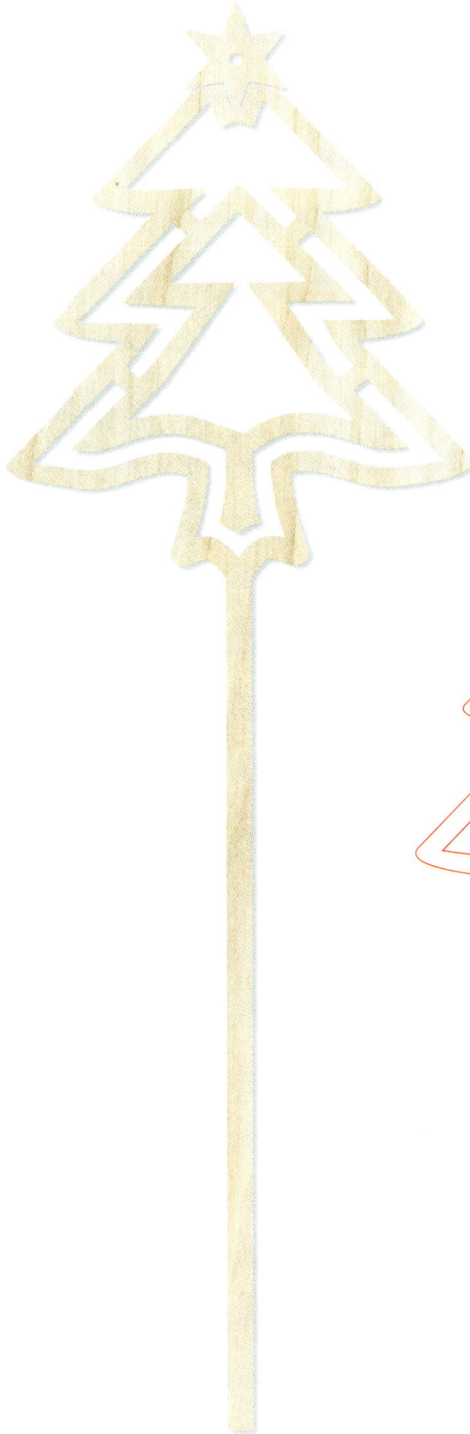

Aufsteller „Lebkuchenmann“

Einsteiger/Erfahrene

- **empfohlenes Holz:** Birkensperrholz, Stärke 3 mm.
- **empfohlene Bohrer:** #52 bzw. 2 mm; Knöpfe und Augen: #42 bzw. 2,5 mm.
- **empfohlene Sägeblätter:** 0,85 x 0,32 mm (#3) Skip Reverse.
- **Anmerkungen/ Besonderheiten:** Zuerst alle inneren Teile aussägen. Vorsicht bei den geraden Linien; für gleichmäßiges Sägen braucht es eine ruhige Hand. Den Stiel auf die gewünschte Länge zuschneiden.
- **empfohlene Veredelung:** Beize auf Wasser- oder Ölbasis, Danish Oil oder Holzöl nach eigener Wahl, Acrylfarben sowie Klarlack nach Belieben. Das Stück kann auch unveredelt bleiben.

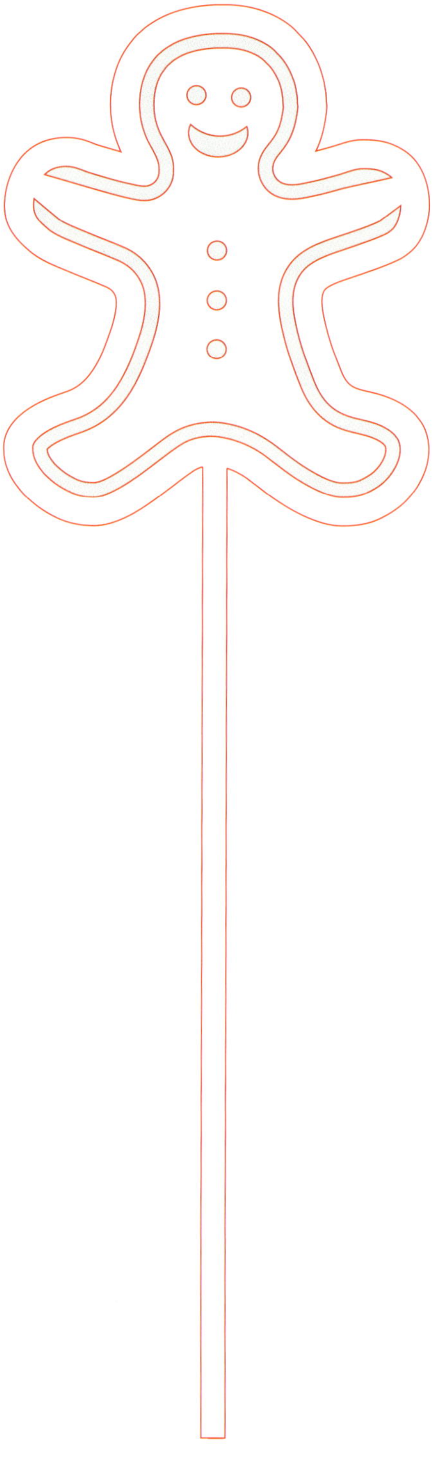

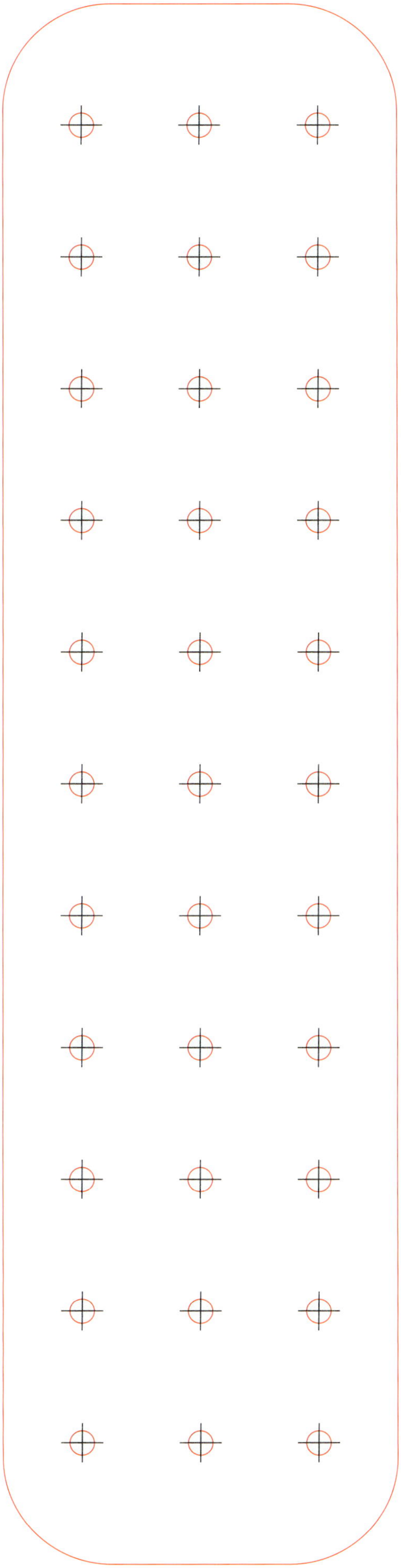

Vorlage Halter (optional)

6,5 cm Breite x
25,5 cm Länge x
2,0 cm Stärke (mind.)

4 mm Durchmesser
12 mm Tiefe
ca. 33 Löcher

Ornament „Vogelpärchen“

Erfahrene

- **empfohlenes Holz:** Birkensperrholz, Stärke 3–6 mm.
- **empfohlene Bohrer:** #52 bzw. 2 mm und #56 bzw. 1,2 mm; Loch zum Aufhängen: #42 bzw. 2,5 mm.
- **empfohlene Sägeblätter:** 0,85 x 0,32 mm (#3) Skip Reverse.
- **Anmerkungen/ Besonderheiten:** Zuerst alle inneren Teile aussägen. Vorsicht bei beim Sägen des kreisförmigen Rahmens; für gleichmäßiges Sägen braucht es eine ruhige Hand.
- **empfohlene Veredelung:** Beize auf Wasser- oder Ölbasis, Danish Oil oder Holzöl nach eigener Wahl, Acrylfarben sowie Klarlack nach Belieben. Das Stück kann auch unveredelt bleiben.

Ornament „Blütenwirbel“

Einsteiger

- **empfohlenes Holz:** Birkensperrholz, Stärke 3–6 mm, oder nach eigenem Belieben.
- **empfohlene Bohrer:** #52 bzw. 2 mm; Loch zum Aufhängen: #42 bzw. 2,5 mm.
- **empfohlene Sägeblätter:** 0,85 x 0,32 mm (#3) Skip Reverse.
- **Anmerkungen/ Besonderheiten:** Zuerst alle inneren Teile aussägen. Vorsicht beim Sägen der geraden Linien und des kreisförmigen Rahmens; für gleichmäßiges Sägen braucht es eine ruhige Hand.
- **empfohlene Veredelung:** Beize auf Wasser- oder Ölbasis, Danish Oil oder Holzöl nach eigener Wahl, Acrylfarben sowie Klarlack nach Belieben. Das Stück kann auch unveredelt bleiben.

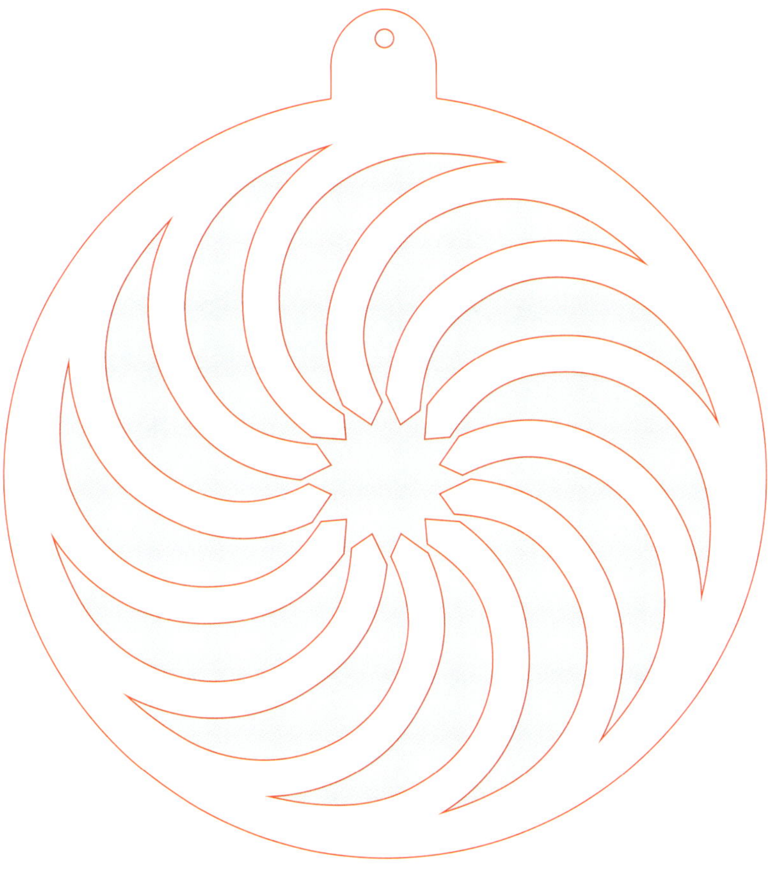

Ornament „Aztekenstern“

Einsteiger

- **empfohlenes Holz:** Birkensperrholz, Stärke 3–6 mm, oder nach eigenem Belieben.
- **empfohlene Bohrer:** #52 bzw. 2 mm.
- **empfohlene Sägeblätter:** 0,85 x 0,32 mm (#3) Skip Reverse.
- **Anmerkungen/ Besonderheiten:** Zuerst alle inneren Teile aussägen. Vorsicht beim Sägen der geraden Linien; für gleichmäßiges Sägen braucht es eine ruhige Hand.
- **empfohlene Veredelung:** Beize auf Wasser- oder Ölbasis, Danish Oil oder Holzöl nach eigener Wahl, Acrylfarben sowie Klarlack nach Belieben. Das Stück kann auch unveredelt bleiben.

Ornament „Herz“

Erfahrene

- **empfohlenes Holz:** Birkensperrholz, Stärke 3–6 mm.
- **empfohlene Bohrer:** #52 bzw. 2 mm und #56 bzw. 1,2 mm; Loch zum Aufhängen: #42 bzw. 2,5 mm.
- **empfohlene Sägeblätter:** 0,85 x 0,32 mm (#3) Skip Reverse.
- **Anmerkungen/ Besonderheiten:** Zuerst alle inneren Teile aussägen. Vorsicht beim Sägen der geraden Linien; für gleichmäßiges Sägen braucht es eine ruhige Hand.
- **empfohlene Veredelung:** Beize auf Wasser- oder Ölbasis, Danish Oil oder Holzöl nach eigener Wahl, Acrylfarben sowie Klarlack nach Belieben. Das Stück kann auch unveredelt bleiben.

Ornament „Efeublatt“

Einsteiger

- **empfohlenes Holz:** Birkensperrholz, Stärke 3–6 mm, oder nach eigenem Belieben.
- **empfohlene Bohrer:** #52 bzw. 2 mm; Loch zum Aufhängen: #42 bzw. 2,5 mm.
- **empfohlene Sägeblätter:** 0,85 x 0,32 mm (#3) Skip Reverse.
- **Anmerkungen/ Besonderheiten:** Zuerst alle inneren Teile aussägen. Vorsicht beim Sägen der geraden Linien; für gleichmäßiges Sägen braucht es eine ruhige Hand.
- **empfohlene Veredelung:** Beize auf Wasser- oder Ölbasis, Danish Oil oder Holzöl nach eigener Wahl, Acrylfarben sowie Klarlack nach Belieben. Das Stück kann auch unveredelt bleiben.

Ornament „Strahlenkranz“

Erfahrene

- **empfohlenes Holz:** Birkensperrholz, Stärke 3–6 mm, oder nach eigenem Belieben.
- **empfohlene Bohrer:** #52 bzw. 2 mm.
- **empfohlene Sägeblätter:** 0,85 x 0,32 mm (#3) Skip Reverse.
- **Anmerkungen/ Besonderheiten:** Zuerst alle inneren Teile aussägen. Vorsicht beim Sägen der geraden Linien; für gleichmäßiges Sägen braucht es eine ruhige Hand.
- **empfohlene Veredelung:** Beize auf Wasser- oder Ölbasis, Danish Oil oder Holzöl nach eigener Wahl, Acrylfarben sowie Klarlack nach Belieben. Das Stück kann auch unveredelt bleiben.

Ornament „Schneeflockenstern“

Erfahrene

- **empfohlenes Holz:** Birkensperrholz, Stärke 3–6 mm.
- **empfohlene Bohrer:** #52 bzw. 2 mm.
- **empfohlene Sägeblätter:** 0,85 x 0,32 mm (#3) Skip Reverse.
- **Anmerkungen/ Besonderheiten:** Zuerst alle inneren Teile aussägen. Vorsicht beim Sägen der geraden Linien; für gleichmäßiges Sägen braucht es eine ruhige Hand.
- **empfohlene Veredelung:** Beize auf Wasser- oder Ölbasis, Danish Oil oder Holzöl nach eigener Wahl, Acrylfarben sowie Klarlack nach Belieben. Das Stück kann auch unveredelt bleiben.

Ornament „Spiralstern“

Erfahrene

- **empfohlenes Holz:** Birkensperrholz, Stärke 3–6 mm, oder nach eigenem Belieben.
- **empfohlene Bohrer:** #52 bzw. 2 mm.
- **empfohlene Sägeblätter:** 0,85 x 0,32 mm (#3) Skip Reverse.
- **Anmerkungen/ Besonderheiten:** Zuerst alle inneren Teile aussägen. Vorsicht beim Sägen der geraden Linien und inneren Bogenschwünge; für gleichmäßiges Sägen braucht es eine ruhige Hand.
- **empfohlene Veredelung:** Beize auf Wasser- oder Ölbasis, Danish Oil oder Holzöl nach eigener Wahl, Acrylfarben sowie Klarlack nach Belieben. Das Stück kann auch unveredelt bleiben.

Ornament „Geometrischer Stern“

Erfahrene

- **empfohlenes Holz:** Birkensperrholz, Stärke 3–6 mm, oder nach eigenem Belieben.
- **empfohlene Bohrer:** #52 bzw. 2 mm; Loch zum Aufhängen: #42 bzw. 2,5 mm; Mittelloch: #13 bzw. 5 mm.
- **empfohlene Sägeblätter:** 0,85 x 0,32 mm (#3) Skip Reverse.
- **Anmerkungen/Besonderheiten:** Zuerst alle inneren Teile aussägen. Vorsicht beim Sägen der geraden Linien und des kreisförmigen Rahmens; für gleichmäßiges Sägen braucht es eine ruhige Hand.
- **empfohlene Veredelung:** Beize auf Wasser- oder Ölbasis, Danish Oil oder Holzöl nach eigener Wahl, Acrylfarben sowie Klarlack nach Belieben. Das Stück kann auch unveredelt bleiben.

Ornament „Waldstern“

Erfahrene

- **empfohlenes Holz:** Birkensperrholz, Stärke 3–6 mm, oder nach eigenem Belieben.
- **empfohlene Bohrer:** #52 bzw. 2 mm.
- empfohlene Sägeblätter: 0,85 x 0,32 mm (#3) Skip Reverse.
- **Anmerkungen/Besonderheiten:** Zuerst alle inneren Teile aussägen. Vorsicht beim Sägen der geraden Linien und des kreisförmigen Rahmens; für gleichmäßiges Sägen braucht es eine ruhige Hand.
- **empfohlene Veredelung:** Beize auf Wasser- oder Ölbasis, Danish Oil oder Holzöl nach eigener Wahl, Acrylfarben sowie Klarlack nach Belieben. Das Stück kann auch unveredelt bleiben.

Geometrischer Stern

Waldstern

Ornament „Heißluftballon“

Erfahrene

- **empfohlenes Holz:** Birkensperrholz, Stärke 3–6 mm, oder nach eigenem Belieben.
- **empfohlene Bohrer:** #52 bzw. 2 mm und #56 bzw. 1,2 mm; Loch zum Aufhängen: #42 bzw. 2,5 mm.
- **empfohlene Sägeblätter:** 0,85 x 0,32 mm (#3) Skip Reverse.
- **Anmerkungen/ Besonderheiten:** Zuerst alle inneren Teile aussägen. Vorsicht beim Sägen der geraden Linien und äußeren Bogenschwünge; für gleichmäßiges Sägen braucht es eine ruhige Hand.
- **empfohlene Veredelung:** Beize auf Wasser- oder Ölbasis, Danish Oil oder Holzöl nach eigener Wahl, Acrylfarben sowie Klarlack nach Belieben. Das Stück kann auch unveredelt bleiben.

auf 75 % kopieren

Postkarte „Lebensbaum“

Erfahrene

- **empfohlenes Holz:** Pappel, Eiche, Walnuss oder nach eigenem Belieben, Stärke 6 mm.
- **empfohlene Bohrer:** #52 bzw. 2 mm und #56 bzw. 1,2 mm.
- **empfohlene Sägeblätter:** 0,85 x 0,32 mm (#3) Skip Reverse.
- **Anmerkungen/ Besonderheiten:** Zuerst alle inneren Teile aussägen. Vorsicht beim Sägen der geraden Linien; für gleichmäßiges Sägen braucht es eine ruhige Hand. Vor dem Schleifen größere Überschussteile wieder einsetzen.
- **empfohlene Veredelung:** Beize auf Wasser- oder Ölbasis, Danish Oil oder Holzöl nach eigener Wahl, Acrylfarben sowie Klarlack nach Belieben. Das Stück kann auch unveredelt bleiben.

Postkarte „Skalare“

Erfahrene

- **empfohlenes Holz: Pappel,** Eiche, Walnuss, Kirsche oder nach eigenem Belieben, Stärke 6 mm.
- **empfohlene Bohrer:** #52 bzw. 2 mm und #56 bzw. 1,2 mm; Augen: kleine Fische #52 bzw. 2 mm, große Fische #42 bzw. 2,5 mm.
- **empfohlene Sägeblätter:** 0,7 (#2/0) bis 0,75 mm (#0) Spiralzahn; 0,6 x 0,22 mm (#2) oder 0,85 x 0,32 mm (#3) Skip Reverse.
- **Anmerkungen/Besonderheiten:** Zuerst mit einem der empfohlenen Bohrer die Fischaugen bohren, dann alle inneren Teile aussägen. Für die Innenseiten der Schwänze empfehle ich ein Spiralblatt. Vorsicht beim Sägen der geraden Linien; für gleichmäßiges Sägen braucht es eine ruhige Hand. Vor dem Schleifen größere Überschussteile wieder einsetzen.
- **empfohlene Veredelung:** Beize auf Wasser- oder Ölbasis, Danish Oil oder Holzöl nach eigener Wahl, Acrylfarben sowie Klarlack nach Belieben. Das Stück kann auch unveredelt bleiben.

Postkarte „Seepferdchen“

Erfahrene

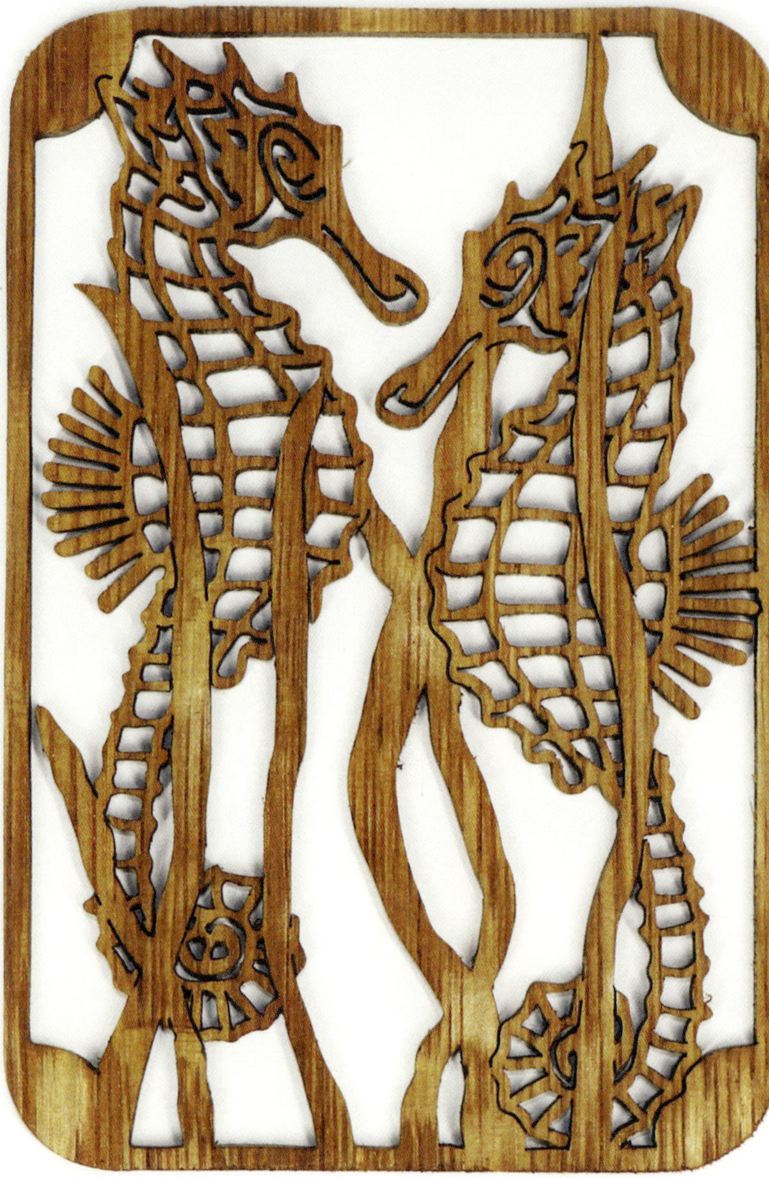

- **empfohlenes Holz:** Pappel, Eiche, Walnuss, Kirsche oder nach eigenem Belieben, Stärke 6 mm.
- **empfohlene Bohrer:** #52 bzw. 2 mm und #56 bzw. 1,2 mm.
- **empfohlene Sägeblätter:** 0,7 (#2/0) bis 0,75 mm (#0) Spiralzahn; 0,6 x 0,22 mm (#2) oder 0,85 x 0,32 mm (#3) Skip Reverse.
- **Anmerkungen/ Besonderheiten:** Zuerst die beiden Seepferdchen sägen, dann nach außen vorarbeiten. Für die Innenseiten der Köpfe (Augen, Nase usw.) empfehle ich ein Spiralblatt. Vorsicht beim Sägen der geraden Linien; für gleichmäßiges Sägen braucht es eine ruhige Hand. Vor dem Schleifen größere Überschussteile wieder einsetzen.
- **empfohlene Veredelung:** Beize auf Wasser- oder Ölbasis, Danish Oil oder Holzöl nach eigener Wahl, Acrylfarben sowie Klarlack nach Belieben. Das Stück kann auch unveredelt bleiben.

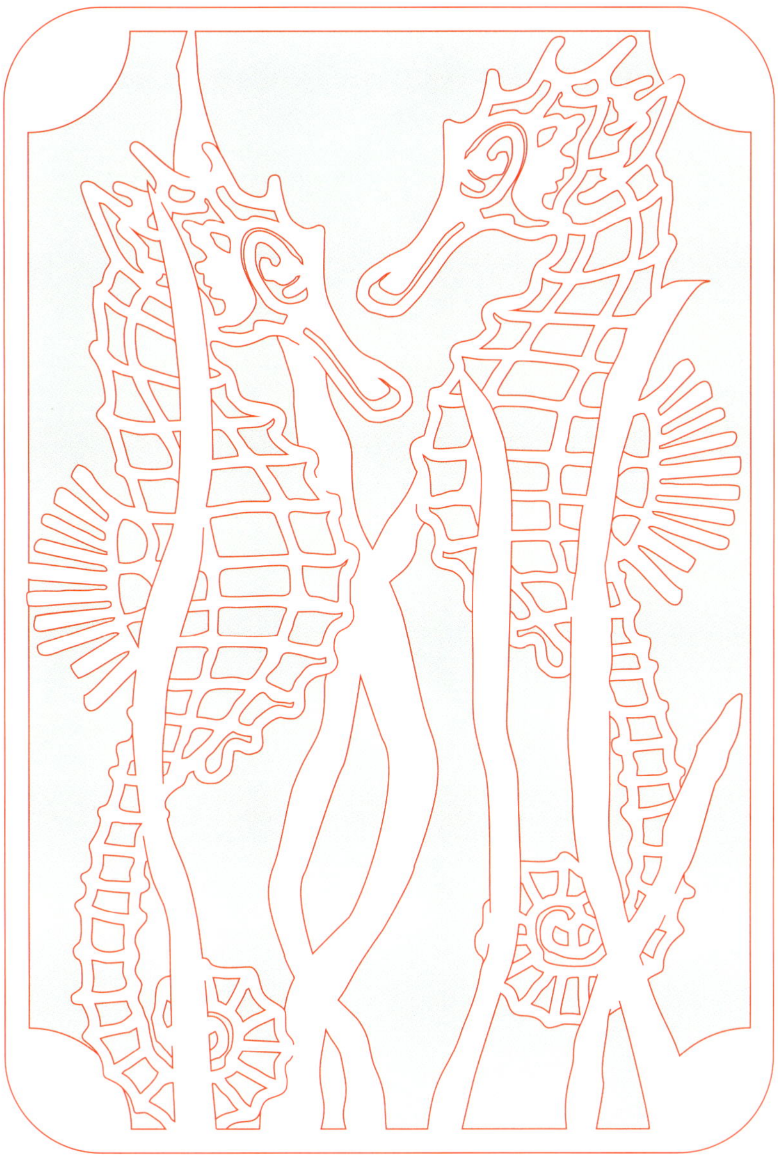

Postkarte „Sonne“

Erfahrene

- **empfohlenes Holz:** Pappel, Eiche, Walnuss, Kirsche oder nach eigenem Belieben, Stärke 6 mm.
- **empfohlene Bohrer:** #52 bzw. 2 mm.
- **empfohlene Sägeblätter**: 0,85 x 0,32 mm (#3) Skip Reverse.
- **Anmerkungen/ Besonderheiten:** Zuerst alle inneren Teile aussägen, dann nach außen vorarbeiten. Vorsicht beim Sägen der geraden Linien; für gleichmäßiges Sägen braucht es eine ruhige Hand.
- **empfohlene Veredelung:** Beize auf Wasser- oder Ölbasis, Danish Oil oder Holzöl nach eigener Wahl, Acrylfarben sowie Klarlack nach Belieben. Das Stück kann auch unveredelt bleiben.

Postkarte „Rotkardinal“

Erfahrene

- **empfohlenes Holz:** Pappel, Eiche, Walnuss, Kirsche oder nach eigenem Belieben, Stärke 6 mm.
- **empfohlene Bohrer:** #52 bzw. 2 mm und #56 bzw. 1,2 mm.
- **empfohlene Sägeblätter:** 0,7 (#2/0) bis 0,75 mm (#0) Spiralzahn; 0,6 x 0,22 mm (#2) oder 0,85 x 0,32 mm (#3) Skip Reverse.
- **Anmerkungen/Besonderheiten:** Zuerst alle inneren Teile aussägen, dann nach außen vorarbeiten. Vorsicht beim Sägen der geraden Linien; für gleichmäßiges Sägen braucht es eine ruhige Hand. Vor dem Schleifen größere Überschussteile wieder einsetzen.
- **empfohlene Veredelung:** Beize auf Wasser- oder Ölbasis, Danish Oil oder Holzöl nach eigener Wahl, Acrylfarben sowie Klarlack nach Belieben. Das Stück kann auch unveredelt bleiben.

Postkarte „Kumiko“

Erfahrene

- **empfohlenes Holz:** Pappel, Eiche, Walnuss, Kirsche oder nach eigenem Belieben, Stärke 6 mm.
- **empfohlene Bohrer:** #52 bzw. 2 mm.
- **empfohlene Sägeblätter:** 0,85 x 0,32 mm (#3) Skip Reverse.
- **Anmerkungen/ Besonderheiten:** Im Zentrum des Sternes unten links beginnen, dann nach oben und außen vorarbeiten. Vorsicht beim Sägen der geraden Linien, weil viele davon sehr dünn und zerbrechlich sind; für gleichmäßiges Sägen braucht es eine ruhige Hand.
- **empfohlene Veredelung:** Beize auf Wasser- oder Ölbasis, Danish Oil oder Holzöl nach eigener Wahl, Acrylfarben sowie Klarlack nach Belieben. Das Stück kann auch unveredelt bleiben.

Untersetzer „Mandala 1“

Erfahrene

- **empfohlenes Holz:** Pappel, Eiche, Walnuss, Bambus oder nach eigenem Belieben, Stärke 6–10 mm.
- **empfohlene Bohrer:** #52 bzw. 2 mm und #56 bzw. 1,2 mm; Mittelloch: ¼" bzw. 6 mm.
- **empfohlene Sägeblätter:** 0,85 x 0,32 mm (#3) bis 1,02 x 0,36 mm (#5) Skip Reverse.
- **Anmerkungen/Besonderheiten:** Zuerst das Mittelloch, dann die Führungslöcher zum Sägen bohren und von der Mitte ausgehend nach außen sägen. Vorsicht beim Sägen der geschwungenen Linien; für gleichmäßiges Sägen braucht es eine ruhige Hand.
- **empfohlene Veredelung:** Beize auf Wasser- oder Ölbasis, Danish Oil oder Holzöl nach eigener Wahl, Acrylfarben sowie Klarlack nach Belieben. Das Stück kann auch unveredelt bleiben.

Untersetzer „Mandala 2“

Erfahrene

- **empfohlenes Holz:** Pappel, Eiche, Walnuss, Bambus oder nach eigenem Belieben, Stärke 6–9 mm.
- **empfohlene Bohrer:** #52 bzw. 2 mm; Mittelloch: #13 bzw. 5 mm.
- **empfohlene Sägeblätter:** 0,85 x 0,32 mm (#3) bis 1,02 x 0,36 mm (#5) Skip Reverse.
- **Anmerkungen/Besonderheiten:** Zuerst das Mittelloch, dann die Führungslöcher zum Sägen bohren und von der Mitte ausgehend nach außen sägen. Vorsicht beim Sägen der geschwungenen Linien; für gleichmäßiges Sägen braucht es eine ruhige Hand.
- **empfohlene Veredelung:** Beize auf Wasser- oder Ölbasis, Danish Oil oder Holzöl nach eigener Wahl, Acrylfarben sowie Klarlack nach Belieben. Das Stück kann auch unveredelt bleiben.

Untersetzer „Aztekisch“

Erfahrene/Fortgeschrittene

- **empfohlenes Holz:** Pappel, Eiche, Walnuss, Bambus oder nach eigenem Belieben, Stärke 6–10 mm.
- **empfohlene Bohrer:** #52 bzw. 2 mm.
- **empfohlene Sägeblätter:** 0,85 x 0,32 mm (#3) bis 1,02 x 0,36 mm (#5) Skip Reverse.
- **Anmerkungen/Besonderheiten:** Zuerst die Führungslöcher zum Sägen bohren, dann von der Mitte ausgehend nach außen sägen. Vorsicht beim Sägen der Linien, weil diese dünn und zerbrechlich sind; für gleichmäßiges Sägen braucht es eine ruhige Hand.
- **empfohlene Veredelung:** Beize auf Wasser- oder Ölbasis, Danish Oil oder Holzöl nach eigener Wahl, Acrylfarben sowie Klarlack nach Belieben. Das Stück kann auch unveredelt bleiben.

Untersetzer „Stern“

Erfahrene

- **empfohlenes Holz:** Pappel, Eiche, Walnuss, Bambus oder nach eigenem Belieben, Stärke 6–10 mm.
- **empfohlene Bohrer:** #52 bzw. 2 mm und #56 bzw. 1,2 mm.
- **empfohlene Sägeblätter:** 0,85 x 0,32 mm (#3) Skip Reverse.
- **Anmerkungen/Besonderheiten:** Im Zentrum des Sterns beginnen, dann nach außen vorarbeiten. Vorsicht beim Sägen der geraden Linien, weil viele von ihnen dünn und zerbrechlich sind; für gleichmäßiges Sägen braucht es eine ruhige Hand.
- **empfohlene Veredelung:** Beize auf Wasser- oder Ölbasis, Danish Oil oder Holzöl nach eigener Wahl, Acrylfarben sowie Klarlack nach Belieben. Das Stück kann auch unveredelt bleiben.

Untersetzer „Blumenstrauß“

Erfahrene/Fortgeschrittene

- **empfohlenes Holz:** Laubholz eigener Wahl, Stärke 13–19 mm, Durchmesser 20,5 cm.
- **empfohlene Bohrer:** #52 bzw. 2 mm und #56 bzw. 1,2 mm.
- **empfohlene Sägeblätter:** 1,02 x 0,36 mm (#5) Skip Reverse.
- **Anmerkungen/Besonderheiten:** Vorsicht beim Sägen der Blumen, weil die Blattrippen/Blütenblätter sehr dünn sind. Auf keinen Fall verwackeln!
- **empfohlene Veredelung:** Danish Oil oder Holzöl nach eigener Wahl.

Untersetzer „Tanzende Bäume“

Erfahrene/ Fortgeschrittene

- **empfohlenes Holz:** Laubholz eigener Wahl, Stärke 13–19 mm, Durchmesser 20,5 cm.
- **empfohlene Bohrer:** #52 bzw. 2 mm und #56 bzw. 1,2 mm; kleine Löcher und Mittelring: #42 bzw. 2,5 mm; Mittelloch: ¼" bzw. 6 mm.
- **empfohlene Sägeblätter:** 0,7 (#2/0) bis 0,75 mm (#0) Spiralzahn; 0,85 x 0,32 mm (#3) und 1,02 x 0,36 mm (#5) Skip Reverse.
- **Anmerkungen/Besonderheiten:** Vorsicht beim Sägen des Mittelteils. Zuerst Mittelloch und alle kleineren Löcher bohren, dann die Führungslöcher zum Sägen. Dann den Raum um die mittlere Blüte und die Teile innerhalb des inneren Ringes freisägen. Wenn Sie dafür Spiralblätter verwenden, passen Sie die Sägegeschwindigkeit an, weil Spiralblätter bei stärkerem Holz meistens sehr langsam laufen.
- **empfohlene Veredelung:** Danish Oil oder Holzöl nach eigener Wahl.

Untersetzer „Abstrakte Quadrate“

Erfahrene

- **empfohlenes Holz:** Laubholz eigener Wahl, Stärke 13–19 mm, Durchmesser 20,5 cm.
- **empfohlene Bohrer:** #52 bzw. 2 mm und #56 bzw. 1,2 mm.
- **empfohlene Sägeblätter:** 1,02 x 0,36 mm (#5) Skip Reverse.
- **Anmerkungen/Besonderheiten:** Vorsicht beim Sägen der geraden Linien, damit Ihre Hand nicht zittert. Beginnen Sie in der Mitte und arbeiten Sie sich nach außen vor. Sie brauchen eine ruhige Hand, sonst werden die Linien nicht passen.
- **empfohlene Veredelung:** Danish Oil oder Holzöl nach eigener Wahl.

Untersetzer „Auge“

Erfahrene

- **empfohlenes Holz:** Laubholz eigener Wahl, Stärke 13–19 mm, Durchmesser 20,5 cm.
- **empfohlene Bohrer:** #52 bzw. 2 mm und #56 bzw. 1,2 mm; Mittelloch: ¼" bzw. 6 mm.
- **empfohlene Sägeblätter:** 0,85 x 0,32 mm (#3) und 1,02 x 0,36 mm (#5) Skip Reverse.
- **Anmerkungen/Besonderheiten:** Vorsicht beim Sägen der Linien des Innenteils, damit Ihre Hand nicht zittert. Sie brauchen eine ruhige Hand, sonst wird das Zentrum des Auges nicht passen. Zum Sägen der kleinsten Ausschnitte empfehle ich #3-Sägeblätter.
- **empfohlene Veredelung:** Danish Oil oder Holzöl nach eigener Wahl.

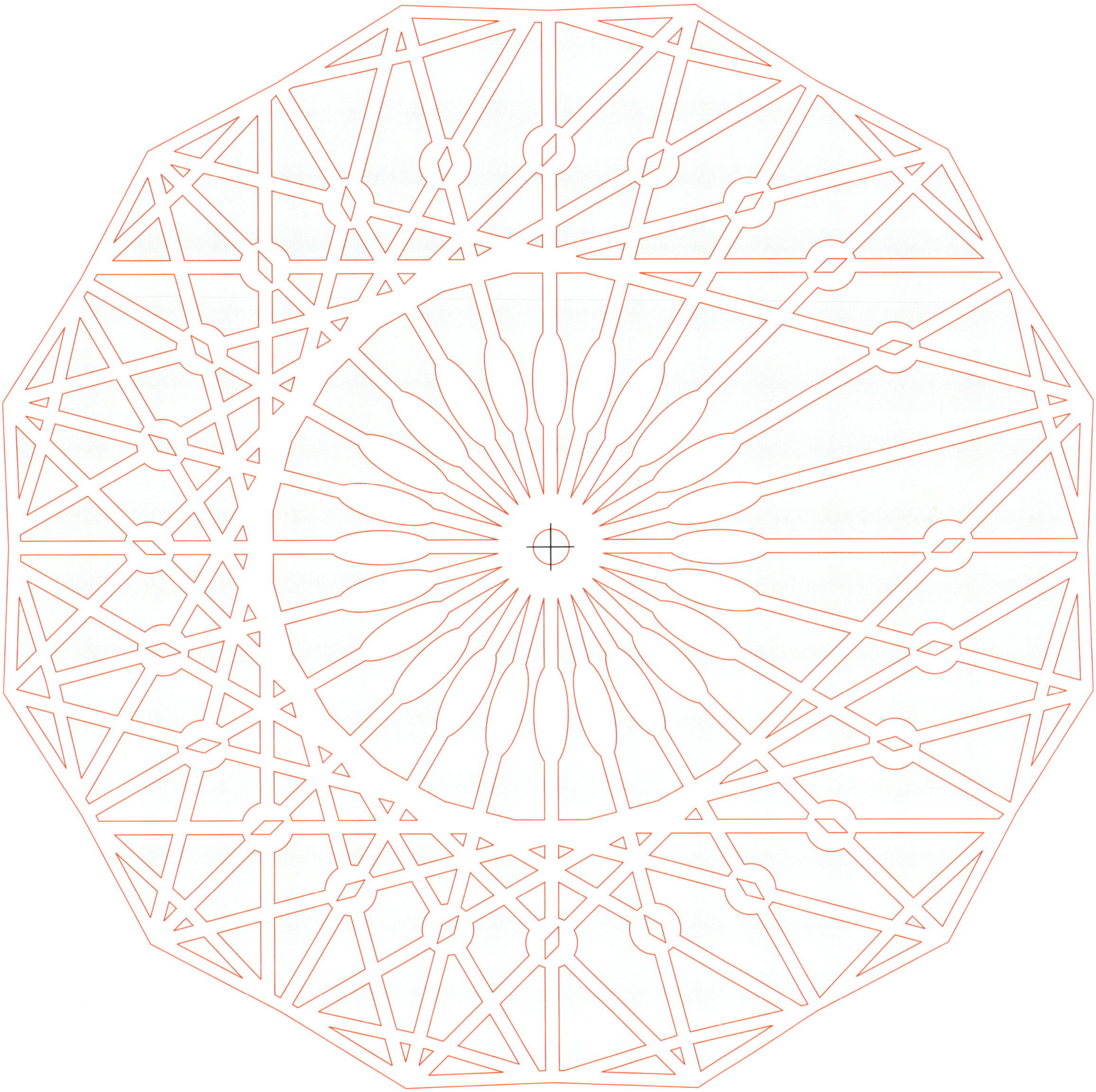

Schlüsselloch „Labyrinth“

Erfahrene

- **empfohlenes Holz:** Birkensperrholz; für Labyrinth und umliegende Schicht Stärke 6–10 mm, für aufliegende Schicht Stärke 3 mm, für den Hintergrund 16,5 x 27,5 cm.
- **empfohlene Bohrer:** #52 bzw. 2 mm und #56 bzw. 1,2 mm.
- **empfohlene Sägeblätter:** 0,85 x 0,32 mm (#3) bis 1,02 x 0,36 mm (#5) Skip Reverse.
- **Anmerkungen/Besonderheiten:** Vorsicht beim Sägen des kreisförmigen Teils des Labyrinthes, weil nur ein Steg am unteren Ende des Kreises diesen Teil zusammenhält. Planen Sie Ihr Sägen im Voraus, weil dieser Abschnitt zerbrechlich ist. Beginnen Sie unten am kreisförmigen Teil und arbeiten Sie zur Mitte hin. Nutzen Sie Malerkrepp, um alles zusammenzuhalten, während Sie den Rest des Schlüsselloches sägen. Ich empfehle, den kreisförmigen Teil zu sägen, nachdem die Basis des Labyrinthes fertiggestellt ist.
- **empfohlene Veredelung:** Beize auf Wasser- oder Ölbasis, Danish Oil oder Holzöl nach eigener Wahl, Acrylfarben sowie Klarlack nach Belieben.

um 110 % vergrößern

Schlüsselloch „Waschbär“

Einsteiger/Erfahrene

- **empfohlenes Holz:** Birkensperrholz; für Waschbären und umliegende Schicht Stärke 6–10 mm, für aufliegende Schicht Stärke 3 mm, für das Rechteck 16,5 x 27,5 cm.
- **empfohlene Bohrer:** #52 bzw. 2 mm und #56 bzw. 1,2 mm.
- **empfohlene Sägeblätter:** 0,85 x 0,32 mm (#3) und 1,02 x 0,36 mm (#5) Skip Reverse.
- **Anmerkungen/ Besonderheiten:** Ich empfehle, mit der Nase des Waschbären zu beginnen, als Nächstes den größeren Mittelteil oberhalb der Nase und im Anschluss den Rest zu sägen.
- **empfohlene Veredelung:** Beize auf Wasser- oder Ölbasis, Danish Oil oder Holzöl nach eigener Wahl, Acrylfarben sowie Klarlack nach Belieben.

um 110 % vergrößern

Fensterbild „Winterhütte“

Erfahrene

- **empfohlenes Holz:** Birkensperrholz, Stärke 3–10 mm; für das Rechteck 20,5 x 27,0 cm.
- **empfohlene Bohrer:** #52 bzw. 2 mm und #56 bzw. 1,2 mm.
- **empfohlene Sägeblätter:** 0,7 (#2/0) bis 0,85 mm (#1) Spiralzahn und/oder 0,6 x 0,22 mm (#2) bis 1,02 x 0,36 mm (#5) Skip Reverse.
- **Anmerkungen/Besonderheiten:** Vorsicht beim Sägen der Fenster, der Tür und des Kamins. Sie brauchen eine ruhige Hand. Die Rahmen sind sehr dünn und zerbrechlich. Ich empfehle, zuerst die ganze Hütte zu sägen, dann nach außen hin den Rest der Vorlage.
- **empfohlene Veredelung:** Beize auf Wasser- oder Ölbasis, Danish Oil oder Holzöl nach eigener Wahl, Acrylfarben sowie Klarlack nach Belieben.

Fensterbild „Herbstlaub“

Erfahrene

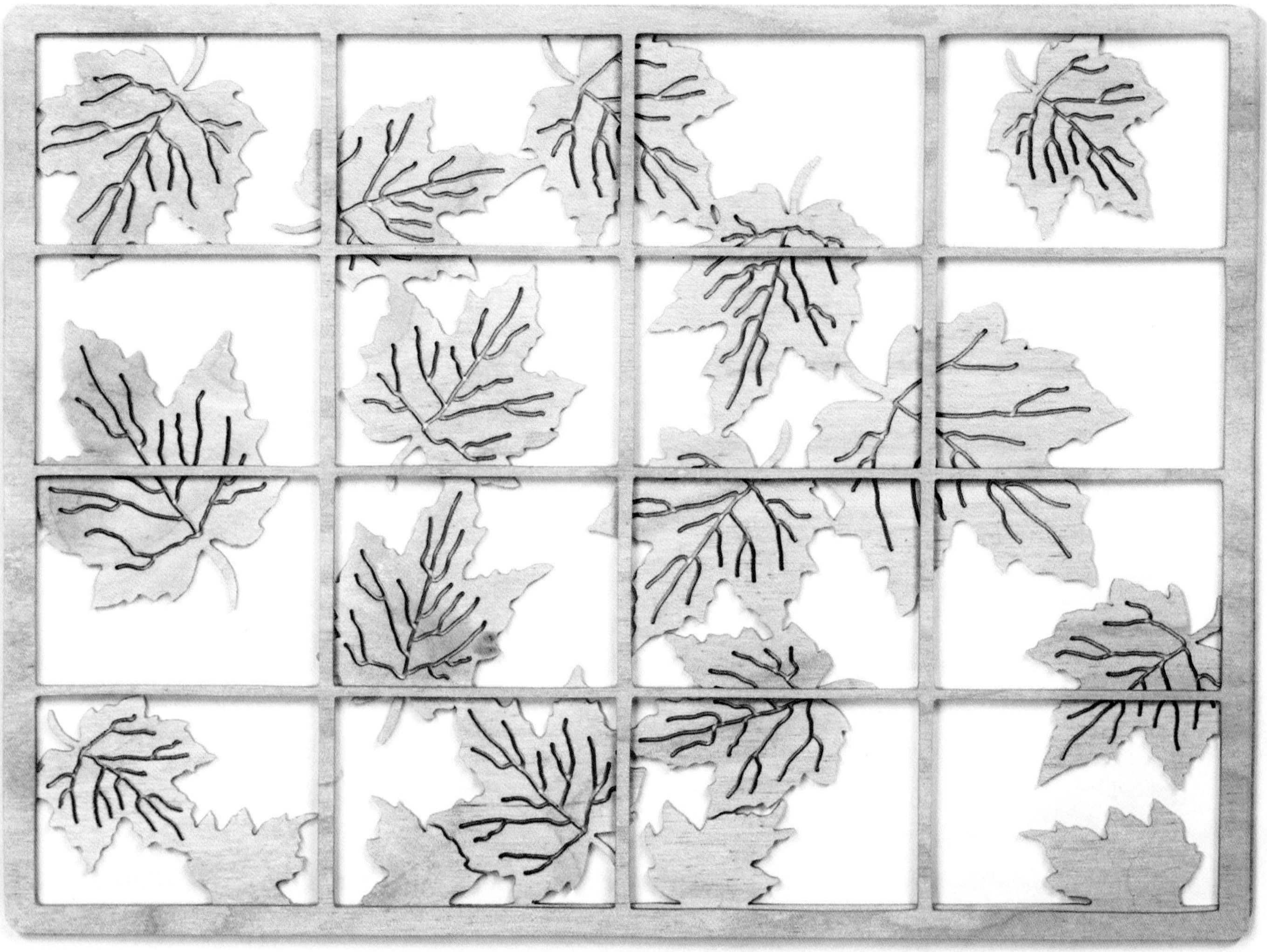

- **empfohlenes Holz:** Birkensperrholz, Stärke 3–10 mm; für das Rechteck 20,5 x 27,0 cm.
- **empfohlene Bohrer:** #52 bzw. 2 mm und #56 bzw. 1,2 mm.
- **empfohlene Sägeblätter:** 0,7 (#2/0) bis 0,85 mm (#1) Spiralzahn und/oder 0,6 x 0,22 mm (#2) bis 1,02 x 0,36 mm (#5) Skip Reverse.
- **Anmerkungen/Besonderheiten:** Vorsicht beim Sägen der Blattrippen. Bohren Sie für jede ein kleines Loch (#56 bzw. 1,2 mm), dann sägen Sie vorsichtig mit einem Spiralblatt. Die Linien dienen der Führung; Sie können für Ihr eigenes Design ruhig von ihnen abweichen.
- **empfohlene Veredelung:** Beize auf Wasser- oder Ölbasis, Danish Oil oder Holzöl nach eigener Wahl, Acrylfarben sowie Klarlack nach Belieben.

Fensterbild „Wassermühle“

Erfahrene

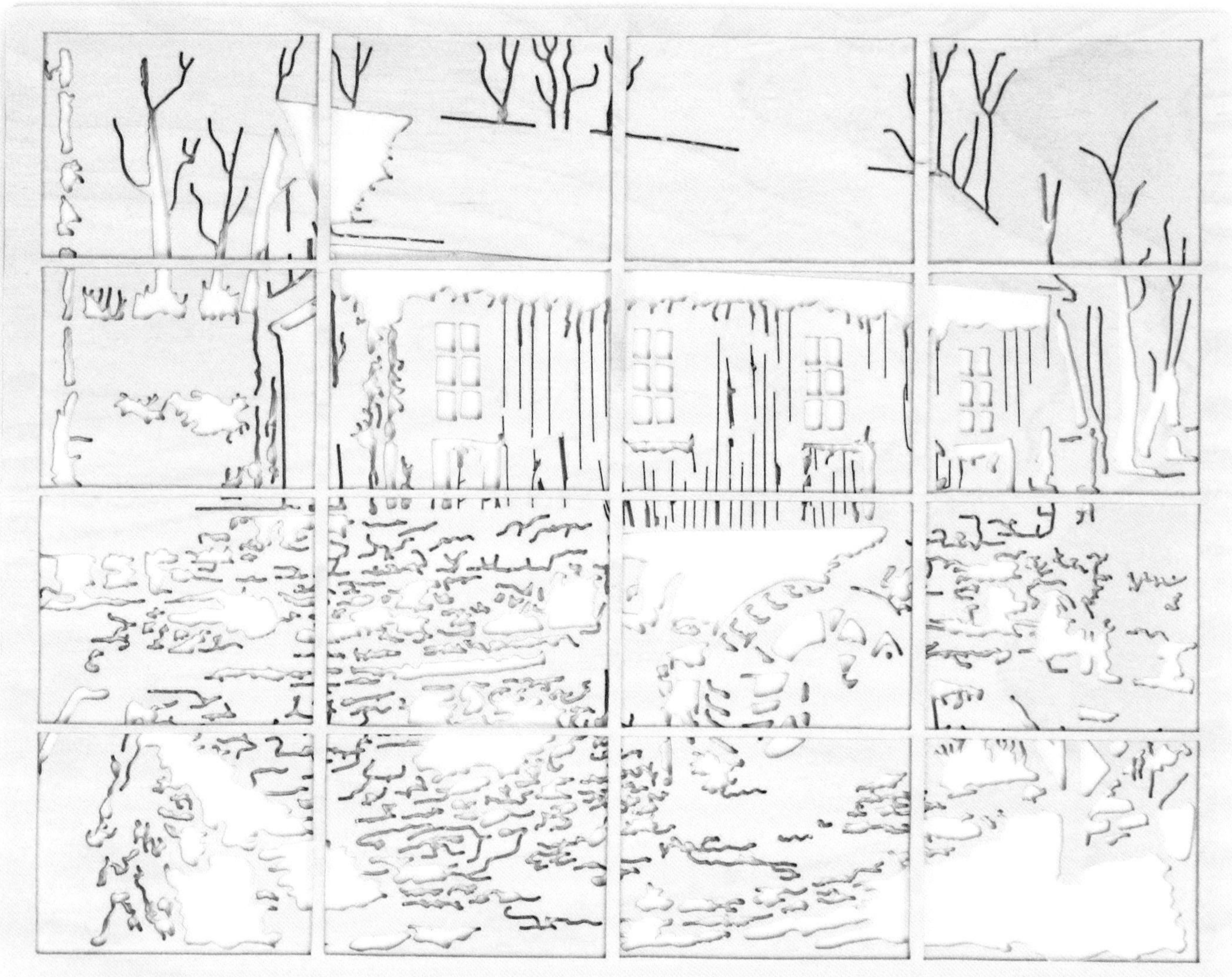

- **empfohlenes Holz:** Birkensperrholz, Stärke 3–10 mm; für das Rechteck 20,5 x 27,0 cm.
- **empfohlene Bohrer:** #52 bzw. 2 mm und #56 bzw. 1,2 mm.
- **empfohlene Sägeblätter:** 0,7 (#2/0) bis 0,85 mm (#1) Spiralzahn und/oder 0,6 x 0,22 mm (#2) bis 1,02 x 0,36 mm (#5) Skip Reverse.
- **Anmerkungen/Besonderheiten:** Beginnen Sie in der Mitte oberhalb des Wasserrades und von dort aus nach außen. Vorsicht beim Sägen der Mühle; planen Sie jeden Abschnitt im Voraus.
- **empfohlene Veredelung:** Beize auf Wasser- oder Ölbasis, Danish Oil oder Holzöl nach eigener Wahl, Acrylfarben sowie Klarlack nach Belieben.

Fensterbild „Käuzchen“

Erfahrene

- **empfohlenes Holz:** Birkensperrholz, Stärke 3–10 mm; für das Rechteck 20,5 x 27,0 cm.
- **empfohlene Bohrer:** #52 bzw. 2 mm und #56 bzw. 1,2 mm.
- **empfohlene Sägeblätter:** 0,7 (#2/0) bis 0,85 mm (#1) Spiralzahn und/oder 0,6 x 0,22 mm (#2) bis 1,02 x 0,36 mm (#5) Skip Reverse.
- **Anmerkungen/Besonderheiten:** Vorsicht beim Sägen der Vögel. Beginnen Sie in der Mitte und arbeiten Sie sich von dort nach außen vor.
- **empfohlene Veredelung:** Beize auf Wasser- oder Ölbasis, Danish Oil oder Holzöl nach eigener Wahl, Acrylfarben sowie Klarlack nach Belieben.

Fensterbild „Bärenjunges“

Erfahrene

- **empfohlenes Holz:** Birkensperrholz, Stärke 3–10 mm; für das Rechteck 20,5 x 27,0 cm.
- **empfohlene Bohrer:** #52 bzw. 2 mm und #56 bzw. 1,2 mm.
- **empfohlene Sägeblätter:** 0,7 (#2/0) bis 0,85 mm (#1) Spiralzahn und/oder 0,6 x 0,22 mm (#2) bis 1,02 x 0,36 mm (#5) Skip Reverse.
- **Anmerkungen/Besonderheiten:** Vorsicht beim Sägen der Zweige. Ich empfehle, unter dem Kinn des Bären zu beginnen und von dort aus langsam nach außen zu arbeiten. Planen Sie jeden Abschnitt im Voraus. Sie brauchen eine ruhige Hand. Viele der Zweige sind sehr dünn und zerbrechlich. Die Überschussteile wieder einzusetzen stützt die angrenzenden Stege. Nehmen Sie Malerkrepp zum Fixieren dieser Teile. Sie werden sie auch brauchen, wenn Sie die Rückseite des Bären abschleifen.
- **empfohlene Veredelung:** Beize auf Wasser- oder Ölbasis, Danish Oil oder Holzöl nach eigener Wahl, Acrylfarben sowie Klarlack nach Belieben.

Stichwortverzeichnis

Anmerkung: *kursive* Seitenzahlen verweisen auf Vorlagen/Projekte.

Über den Autor

Nach einer erfolgreichen Laufbahn als Elektrotechnik-, Maschinenbau- und Grafikdesigner ging Charles R. Hand 2005 dazu über, mit seinen künstlerischen Fähigkeiten einzigartige Muster für die Dekupiersäge und Porträt-Holzarbeiten zu schaffen. Er hat seinen eigenen Stil entwickelt und gestaltet nun eigene Vorlagen, Porträts und – seit Neuestem – mehrschichtige 3-D-Kunstwerke. Charles nutzt die Dekupiersäge nur zum Spaß, doch er hat für seine Designs schon etliche Preise auf Holzarbeits- und Handwerksmessen gewonnen. Sie finden Charles' preisgekrönte Stücke abgedruckt im Magazin „Scroll Saw Woodworking & Crafts" sowie auf seiner Website scrollsawart4u.weebly.com. Er lebt in St. Catharines, Ontario (Kanada).

Danksagungen

Das Schreiben und Gestalten eines Buches mit Dekupiersägenmustern wäre ohne einen gelegentlichen Schubs und Ansporn von Holzarbeiterfreunden und meiner Familie nicht einfach.

Ich möchte zahllosen Menschen danken: Meine Sägemehlkameraden sind meine größten Unterstützer (und gelegentlich auch Kritiker). Danke für eure vielen E-Mails und Nachrichten, die mich sehr dazu ermutigt haben, dieses Buch zu schreiben.

Ohne es zu wissen hat mein Freund John A. Nelson mich zu vielen der Designs in diesem Buch inspiriert. Seine Vorliebe für Untersetzer, Kirschholz und Detailarbeit ist einzigartig. Dafür danke ich ihm.

Ich danke Kaylee Schofield von Fox Chapel für Unterstützung und Ermutigung, ganz zu schweigen von ihrer Überzeugung, dass ich noch ein Buch schreiben sollte.

Ich möchte auch allen anderen Leuten bei Fox Chapel für ihre Mitarbeit danken.

Viele Designs in diesem Buch wurden von meiner Frau Deborah angeregt. Sie fragt mich oft: „Charlie, was hältst du davon, daraus eine Dekupiersägenvorlage zu machen?" Die Liste der Vorlagen wird immer länger, also kommt vielleicht noch ein drittes Buch …

Aus unserem Programm

ISBN 978-3-7020-1466-7

ISBN 978-3-7020-1492-6

ISBN 978-3-7020-2088-0

ISBN 978-3-7020-2249-5